Arda Erel

Annemin Bilmediği Her Şey

Annemin Bilmediği Her Şey / *Arda Erel*

© *2022,* İnkılâp Kitabevi Yayın Sanayi ve Ticaret AŞ

Yayıncı ve Matbaa Sertifika No: 44066

Yayın direktörü Gülşen İşeri
Yayıma hazırlayan Gizem Demir
Editör Emre Kalcı
Kapak resmi Gilas Coşkun
Kapak tasarım Gilas Coşkun
Sayfa tasarım Aslı Varol

ISBN: 978-975-10-4409-9
22 23 24 25   7 6 5 4 3 2 1
İstanbul, 2022

Baskı ve Cilt
İnkılâp Kitabevi Yayın Sanayi ve Ticaret AŞ
Çobançeşme Mah. Sanayi Cad. Altay Sk. No. 8
34196 Yenibosna – İstanbul
Tel : (0212) 496 11 11 (Pbx)

İnkılâp Kitabevi Yayın Sanayi ve Ticaret AŞ
Çobançeşme Mah. Sanayi Cad. Altay Sk. No. 8
34196 Yenibosna – İstanbul
Tel   : (0212) 496 11 11 (Pbx)
Faks : (0212) 496 11 12
posta@inkilap.com
inkilap.com

Arda Erel

Annemin Bilmediği Her Şey

Arda Erel

Arda Erel 7 Ağustos 1995 tarihinde İstanbul'da doğdu. Küçük yaşlardan itibaren günlükler tutup, yazılar yazmaya başlayan Erel, İstanbul Bilgi Üniversitesi İletişim Fakültesi'nden mezun oldu. Yazılarını ilk önce dijital platformlarda yayımlayan yazar büyük ilgi gördü ve daha sonrasında yayınevlerinin dikkatini çekti. Psikoloji, toplumbilim ve felsefeyle ilgilenen Erel'in ilk aforizma kitabı *Senin İçin* 2016 yılında, ilk deneme kitabı *Arayış* 2017 yılında, ikinci aforizma kitabı *Kendine İyi Bak* 2018 yılında ve ilk psikolojik romanı *Sarsıntı* 2019, ikinci romanı *Yüz Yüze* 2020 yılında, ikinci deneme kitabı *Konuşamadığımız Ne Varsa* 2021 yılında yayımlandı. Avrupa'da da, Türkiye'de de çeşitli söyleşilere katılan Erel'in kitapları, uzun süre çok satanlar listesinde yer aldı ve yazarın ismini geniş kitlelere duyurdu.

Arda Erel, Galatasaray Üniversitesi'nde sosyoloji alanında yüksek lisansını tamamladı.

Yeryüzünün incittiği tüm çocuklara...
Ve kendime.

"Nasıl olur da insan kendine uygun gördüğü rol uğruna kendini ortadan kaldırır?"

Simone de Beauvoir

"Le'tranger te permet detre toi-meme, en faisant, de toi, un etranger."
"Yabancı sana sen olma fırsatı veriyor, seni bir yabancıya dönüştürerek."

Edmond Jabes

1

"Hafızamızda her çeşit şey bulunur; hafızamız, bir tür eczane, bir tür kimya laboratuvarıdır, elimize tesadüfen sakinleştirici bir ilaç da geçebilir, tehlikeli bir zehir de."

Marcel Proust, Mahpus

Gözlerini yavaşça açtığında karşısında sadece bir "yabancı" gördü. Tıpkı hastanede, doğduğunu hatırlamadığı o gün de olduğu gibi... *İnsanın ilk unuttuğu şey kendi doğumudur.*

Seksen yedi senesinde, bir yaz günü sıcağında, gece yarısı içinden çıkarıldığı, bir zamanlar içinde döne döne gezinip durduğu, bedeninde uzunca bir süre ziyaretçi olarak kaldığı bir yabancıydı bu. Tam tamına sekiz ay, yedi gün boyunca...

15 Haziran 1987
Doğum yeri: Kadıköy, İstanbul.
Cinsiyeti: Erkek.

Dini: İslâm.

Medeni hâli: Bekâr.

Anne adı: İnci.

Baba adı: Sait.

Şu an hiçbir şey hatırlamıyor. Hatırlayamadığını da hatırlamıyor. Hiçbir şey bilmiyor. Tek bildiği, bilmemek. Ama güzel bir tarafı da var bu durumun. Tüm aklı başında geçinenlerin unuttuğunu o biliyor şimdi; bilmemeyi ve bilmediğini bilmeyi. Bu yüzden de karşısında duran, ona dolu dolu gözlerle bakan annesini de görmüyor. Tüm gördüğü, bir yabancı. Cinsiyetinden, yaşından, medeni hâlinden, toplumsal rolünden, statüsünden, eğitiminden, sınıfından önce, sadece bir yabancı. Kırışık elleri, küçük tabanlı ayakları, ince boynu, kalın telli saçları, minik ağzı ve aynı miniklikte kulakları, sarkmaya başlasa da hâlâ dik duran memeleriyle karşısında öylece duran bir yabancı.

Karşısındaki yabancıya baktı. Ona baktıkça, yabancının etrafı bulanıklaştı sanki. Merkez bir anda o oldu. Yabancının saçları kısa ama dalga dalga ve sarıydı. Hatırlasa, herhangi bir sarıya benzetmek isterdi rengini. Mesela taksi sarısı, mesela limon sarısı, mesela muz sarısı. Ama hatırlamıyordu. İnsan doğru dürüst hiçbir şey hatırlamayınca bir şeyi başka bir şeye de benzetemiyordu. Çünkü benzetmek mutlaka hatırlama beklerdi insandan. "Güzel bir şeye benziyor," demek mesela; insanın aklına her zaman güzel bir şeyi getirirdi. O güzel şey akılda asılı halde durmazsa, o bakılan şey de "güzel" olmazdı. Sadece bakılan bir "şey" olurdu. Bu yüzden benzetme yapmak bile ona çok uzak, çok yabancıydı. Onu anneye benzetmek için elinde benzer "anne" örnekleri de yoktu henüz. Anne nedir? "İyi anne" olmak nedir? Anne nasıl sevilir? Bilmiyordu.

"Nasılsın?" diye seslendi yabancı; kulağından çok yüzüne doğru eğilerek, sevecenlikle, sıcacık bir tonla ve beklentiyle... Tıpkı yeni doğan bebekler gibi, konuşmadan, konuşamadan, sadece bir yüze bakarak anlamaya çalışıyordu olup biteni. Kelimeler tanıdıktı, daha doğrusu yabancının niyeti tanıdıktı. Kelimeler de yabancıyla beraber eğiliyorlardı onun karşısında, kendilerini tanıtıyorlardı sırayla. Kelimeler iki türlü işlev görürdü zaten; ya konuşanı eğerdi ya da duyanı. Ona doğru seslenen dil, içine doğduğu bu dil ona bir yerlerden tanıdık geliyordu. Bu yüzden de şimdilik bildiği ve tutunabildiği tek şeydi. Dil, onun şu anki vatanı, ailesi, yeri yurdu, sığınağı, odası, gezinebileceği akvaryumuydu.

Anlayabildiği için bir "oh" çekti içinden. Ama yabancıya fark ettirmedi. Neden fark ettirmemişti ki? Korkuyor muydu yoksa? Onu da bilmiyordu henüz. Ses kulağına ve yüzüne yakın ama sesin sahibi ona çok uzaktı. Kelimelerin, kulağının içinde gezinmesi; içine doğru damlaması tanıdık ama sesin sahibi tanımadığı biri olunca çaresiz, çekiniyordu. Karşısındaki yabancının yüzü gergin ve dalgın bir şekilde arkasındaki duvara bakıyor, sonra geriye doğru çekiliyordu. İnsan neden bir şeyi garipseyince geriye doğru çekerdi ki kafasını? Ne garip. (Tabii o, garip olduğunu da bilmiyordu.) "Seslerin sahipleri var," diye düşünüyordu içinden. Seslerin sahipleri, kelimelerin sahipleri, yeryüzünün sahipleri, bedenlerin sahipleri vardı. Dördü de birbiriyle ilişkiliydi aslında. (Yavaş yavaş öğrenecekti.) Şimdilik tek bir kelime, kulağının içinde adım adım yürüyordu sanki. "Na-sıl-sın?" Heceler ayrılıyordu birbirinden, harfler kulağının içine hücum edip kendilerini oraya sığdırıyorlardı. "İyiyim," demek geliyordu içinden; derininde bir yerden geliyordu bunu söyleme isteği. Ama insan bunun cevabını verecekse neden böyle bir cevabı verdiğini de bilmeliydi. Kelimeler içinden dışarıya doğru taşacaksa misal, neden taştığı da bilinmeliydi. Oysa neden iyi olduğunu bilmediği gibi, kim olduğunu da bilmiyordu henüz. *"İnsanın iyi olmak için nelere ihtiyacı vardır?"* ve *"Nasıl iyi olunur?"* Ses başka hecelere ayrılarak tekrar ediyordu kendisini. Yatağının hemen karşısındaki sallanan beyaz bir berjerin üzerinden geliyordu bu kez: "İyi misin?" Sesin rengi olsa bu ses koltuğun rengiyle aynı olurdu, yani kırık beyaz. Tabii o hâlâ bu benzerlikleri kuramıyordu. Çünkü benzetmek, insanı her daim geçmişe sürgün ederdi. Onunsa sürgüne gideceği bir geçmişi yoktu.

Sesi tekrar işitince gözleri daha çok açıldı. Konuk olduğu yeryüzüne dağılıyordu bakışları. Yeryüzünü bir kadının yüzünden okumaya çalışmanın, hayatı onun yüzüne bakarak anlamlandırmanın ne kadar zor olduğunu düşünüyordu. İnsan hafızasını kaybettikten sonra yaşamaya devam edince tam olarak ne olur, bilemiyordu. Çünkü insan sadece hafızasını kaybetmezdi; onunla birlikte kendisini de, geçmişini de, geleceğini de, ailesini de, sevdiklerini de, hayallerini de, tekrar tekrar gördüğü rüyalarını da, tarihini de, söylediği ve duyduğu yalanları da, hatta tüm gerçeklerini de kaybederdi...

Yeryüzü kendisini anlatmaya çalışıyordu şimdi ona, hem de yabancı bir yüz üzerinden. Korkuyordu bir yandan.

Çok dipsiz, hiç bitmeyecek gibi, çok uçurum bir korkuydu bu. Herkes bir şeylerden korkardı ama korkusunu her gün hatırlamazdı, zamanla ona alışırdı. Hele ki korku duygusu politikleşince sindirilir, kimliğin parçası olurdu. Ama o çok korkuyor; üstelik durmadan bunu hatırlıyordu.

Gerçi yeryüzü hiç "tanıdık" bir yer olur mu ki? Onun tanıdıklığı bile insanın mahallesiyle, şehriyle, ülkesiyle çevrilidir. Hepsi dünyanın "tanıdık" ve "güvenli" olduğunu hissettirir ama çevrili olan her şey aynı zamanda sınırlıdır da. Güven de bu yüzden sınırlıdır. Kapalı kapılar kadar, bir sokağın sonu kadar, yürürken yanan sokak lambalarının ampulleri bitene kadar, bir evin alanı kadar, bir ülkenin sınırı kadar... *"Aman yabancılar gelmesin ülkemize! Sınırlarımızdan içeri girmesinler."* Yani daima bir yere *kadar.* Mesela ülkesinin dışına çıksa insan, ya da bırakın ülkesinin dışına çıkmasını, şehrinin dışına taşırsa kendini, bıraksa yabancı bir şehrin turuncu ışıklı doğru dürüst aydınlanmayan sokaklarına; yokuş aşağı savruluverse... Yeryüzü yine birdenbire yabancı oluverir. Nereye gidecek yokuşun sonu? "Bilinmeyen sokaklar ve 'oraları' bilmeyen siz." Yeryüzü yine bütünüyle yabancı...

Yabancının yüzü pudralıydı, dudaklarının üzerinde saatler öncesinden kalma, biraz dağınık, tazelenmesi gereken kırmızı ruj izleri vardı. Gözlerinin kenarlarındaki kırışıklıklar belirgindi, benzer kırışıklıklar dudak kenarlarında da geziniyordu; özellikle ağzı az önceki gibi hareketlenince. Bu çizgiler aslında gerginliği ve kaygıyı da anlatıyordu. Hareket eden bu ifadeler parça parça odanın içine dağılıyor, duvarlara çarpıyordu. Ağızdan önce yüzdeki çizgiler konuşuyorlardı besbelli. Yaşını anlatıyorlardı ya da yaşadıklarını belki. Birinin yaşıyla yaşadıkları her zaman tutarlı olmazdı ama öyle zannedilirdi. (O bunları sonra anlayacaktı.) Yüz ne kadar konuşursa, anlaşılan o kadardı işte.

Aslında yabancının beklediği altı üstü bir "İyiyim," cevabıydı. Dünyaları verirdi bu cevap için. Ama beklediği cevap bir türlü gelmiyor, gelemiyordu. Karşısındakinin, annesi olduğunu bilmediği gibi, bir kadın olduğunu bile bilmiyordu henüz. Yeryüzünün cinsiyetlere ayrıldığı bilgisinden fersah fersah uzaktı şu an. Elbette zamanla öğrenecekti hepsini. Kadın, erkek, zengin, fakir, orta halli, dindar, dinsiz, modern, muhafazakâr, seküler, eğitimli, cahil, genç, yaşlı, heteroseksüel, homoseksüel, biseksüel, vatandaş, sığınmacı, siyah, beyaz, kırmızı, lacivert, pembe, mor... Kafasına vura vura öğreteceklerdi yeniden. Hepsini birbirinden ayırmayı, ortadan ikiye bölmeyi, sınıflandırmayı... Yeryüzündekilerin en sevdiği şey buydu zaten; eğitim ve öğretim!

Onun şu anda tek gördüğü ve bildiği bir yabancıydı ve o yabancı karşısında hafifçe eğilerek sordu: "İyi misin?"

Sesler de unutuluyordu, ritimleri de, renkleri de. Sesin bir diğerinin kulağına doğru adım atan yürüyüşleri de... Sadece yüzler unutulmuyordu demek ki. Zamanla bu sorulara kolaylıkla cevap verecekti elbette. Alışması gerekecekti yeryüzüne ve tüm kurallarına. Alışmak ve alıştığını sürekli hatırlamak dost olacaklardı bu süreçte. Hayatta kalmak için böyle olması gerekiyordu: Sürekli alışmak, sürekli hatırlamak. O da öğrenecekti. Yabancı, bir de şöyle kaşlarını birbirine yaklaştırarak endişeyle bakmasa belki daha kolay olacaktı ama... Onun endişesi de anlaşılırdı tabii. Çünkü cevap beklemek sonsuza kadar sürecekmiş gibi geliyordu yabancıya. Oysa beş dakika bile olmamıştı daha.

Yavaşça gözlerini odanın farklı bir yerine doğru çevirirken bir şeyi bilmeye başlıyordu sanki. Birçok şeyi bilmediği hissiydi bu. Peki, anlatacak biri var mıydı?

İnsanın tek bildiği, hiçbir şey bilmediği olunca, karşısındaki yabancının sorduğu sorunun cevabı da neredeyse imkânsız oluyordu. Ama yine de hafifçe doğruldu yerinden, ayaklarını gövdesine doğru yukarıya çekti ve sordu.

"Sen kimsin?"

Belki de yeryüzünde her şey tanımakla, başkasını ve kendini bilmek istemekle başlamıştı.

2

ANNE ADI: İNCİ

"Sen kimsin?" Güzel bir soruydu. Hatta, anneye sorulacak en güzel sorulardan biriydi bu. Sadece onun gibi hafızasını kaybetmiş insanların değil, herkesin arada bir sorması gereken bir soru. Kimi anneler hiç düşünmüyordu bu soruyu, anne oldukları için zaman bulamıyorlardı düşünmeye. Onlar artık sadece anne ve eş olduklarını düşünüyorlardı. Dokunulmaz olup, yaptıklarının hep doğru olduğuna inanıyorlardı. Çocuklarının gözünde hayat boyu "borçlu" hissedecekleri biri olacaklarına güveniyorlar, bunun için daha da mutlu hissediyorlardı. Eğer eş olma rütbesi giderse o zaman sadece çocuklu ve bekâr bir anne olduklarını düşünüp, bu kimliğe yapışıyorlardı.

Bazı insanlar nasıl bir eş olmaları gerektiğini, kaç yaşında anne olacaklarını düşünüyorlardı önce. *(Otuzdan önce çocuk yapmam lazım, biyolojik saat konusunu biliyorsun.) Sonra anneliğin zorluklarını... (Yapabilir miyim sence, bana*

17

göre buluyor musun anneliği? Emziremezsem kötü anne olur muyum?) Anne olduktan sonra kendilerini bekleyen hayatı. *(Çocuğun olunca anlıyorsun gerçekten, annem söylerdi de inanmazdım, şimdi hak veriyorum.)* Lohusalığı. Regl günlerini. Emzirmeyi ve emzirememeyi. Kötü anneleri. İyi anneleri. Annelik izinlerini. Annelik duygularını. Anneliğin hissettirdiklerini. Varsa yoksa anne oluşları... Bilmiyorlardı ki anne olmak ayrıca toplumsal bir *yüktü*, anne olmaktan çok daha fazlasıydı. Bazısı bunu unutuyordu, hatta bir daha hiç hatırlamıyordu önceki hallerini. Anne olunca, o kadim yere ulaşınca, kıymetli başka bir özelliği yokmuş gibi öncesini hatırlamaya gerek duymuyordu. İnci Hanım da onlardan "biriydi". Ama o şimdi anneliğini kaybetmiş bir anneydi; bu da onu diğer annelerden ayıran en acımasız farktı.

"Senin için de çok zor... Canım benim. Şimdi senin annesi olduğunu bile hatırlamayacak öyle mi? Ay inanamıyorum, ah, Allah'ım yardımcın olsun."

Düşünüyordu "Sen kimsin?" sorusu karşısında; biraz da ürperiyordu. Nereden başlamalıydı kim olduğunu anlatmaya?

Öğretmen olduğundan mı, yıllardır süren evliliğinden mi, annesine babadan miras kalan Yeniköy'deki bu iki artı bir evden mi? Eskiden meşhur olan davul fırınlarda yaptığı lezzetli ev yemeklerinden mi? Altan'dan önce bir çocuk aldırdığından ve o çocuğu aldırmanın vicdan azabının Altan'ı doğurmasına sebebiyet verdiğinden mi? Erenköy'de bir zamanlar kiracı olarak oturdukları apartmanın ev sahiplerinin hep beraber toplanıp evi "kentsel dönüşüm"le beraber müteahhite verdikten sonra ailesinin yaşadığı yersiz yurtsuzluk hissinden mi? Erenköy'deki evlerinin yıkılıp yerine inşa edilen kırk sekiz katlı yeni binayı gördüklerinde geçmişin, gözlerinin önünde kayboluşunun verdiği hüzün dolu hissiyattan mı? Yatay mimari yerine dikey mimarinin artık gökyüzünü görmeyi zorlaştırdığı bugünün tersine Altan'ın Erenköy'de gökyüzünü görerek gayet rahat bir çocukluk geçirdiğinden mi? Eski evlerinin denizi gördüğü ama bugün yerine yapılan binanın sadece binaları gördüğünden mi? Eski mahallelerinde rahat rahat borç yazdırabildikleri, her zaman Altan'la beraber gittikleri o sevilen bakkalın kovulup –Haydar Amca ve yanında tüm gün oturan eşi, Hacer Abla– yerine açılan lüks pizzacıdan mı? Sait'in zaman zaman dur durak bilmeden içmek istediği biraları bugün borç olarak yazdırabilecek bir bakkallarının olmayışından mı? Altan'ın yedi yaşındaki çocuk haline acıyan Haydar'la Hacer'in birbirine bakıp, çok geç ödemelerine rağmen aileye zaman zaman borç vermelerinden mi? Erenköy'deki evin yemek odasında yemek yenirken, Yeniköy'deki evde yemek odasının olmamasından ve genelde herkesin tek başına yemek yemesinden ve bunun aile ilişkilerini çatırdatmasından mı? Altan'ın geleceğine dair canı sıkıldığında kartları koltuğun kenarına dizerek baktığı İskambil fallarından mı? Erenköy'de kiracı olarak yaşadıkları sürede yabancılaşmayla benimseme arasında gidip gelerek –bu yüzden mutfak ve tuvalet dolaplarını hiç yaptırmayarak– seneler boyunca bocaladığı o dengesiz aidiyet duygusundan mı? Toplum gittikçe fakirleşirken, fakirlerin haline zenginlerin halinden daha çok bakma ihtiyacının artmasından ve onların birer "şükür nesnesi", zenginlerin de birer "hınç nesnesi" haline getirilmesinden mi? Gençlerin mezun olduktan sonra ne iş yapacaklarını değil, artık bir iş yapıp yapamayacaklarını düşündükleri bir durumda yaşadıklarından mı?

Nereden başlayacağına hâlâ karar veremiyordu...

Artık insanların arabalarının camını çok seyrek açıp, gidecekleri yeri bile telefonlarındaki uygulamalara sorduklarından mı? Birbirlerinden yalıtılmış şekilde, aşırı bireycilikle ona eşlik eden kimsesizlik arasındaki bir ip üzerinde dolaşarak yaşadıklarından mı? Orucunu tutacak ama namazını kılmayacak, Kadir Gecesi duasını edecek ama Kâbe'ye gitmeyi pek düşünmeyecek, her sabah evden dışarı adımını atarken −sağ ayakla− Ayetel Kürsi'yi okuyacak ama Kuranıkerim'i kütüphaneden alıp okumayacak kadar Müslüman olduğundan ve son yirmi yılda mevcut iktidar yüzünden dinden koşa koşa uzaklaştığından mı? Yoksa oğlunun onu tanımayacağını bildiği için taşıdığı sonsuz endişesinden mi?

Neyi, ne kadar anlatmalı; nerede başlayıp nerede durmalıydı?

Elbette evlilikteki kötü zamanlarını, mesela defalarca aldatılmış olmasını, mesela aldatıldığını bile bile daireler çizerek aynı noktada durmaya devam edişini, düşürdüğü iki çocuğunu −bunu Allah dışında kimseye söyleyememesini− ve borçlardan dolayı eve defalarca icra gelmiş olmasını, komşulara annesinin deyimiyle "rezil rüsva" oluşlarını, apartmanın yanıp sönen bozuk sarı ışığı altında sorguya çekilir gibi, "Olup bitenlerin benimle alakası yok," diye bornozlu ve topuz saçlı komşularına açıklama yaptığı günlerini ve o zamanlardaki küçük, bal gözlü oğluna hiçbir şey hissettirmemeye çalıştığı ama başaramadığı o zor zamanlarını anlatmaya hiç gerek yoktu.

Ne lüzum vardı eşinin beceriksizliklerini, iş hayatındaki bitmeyen kepazeliklerini, eşinin ailesindeki bitmeyen arazi kavgalarını ve aldatılmayı "başarısızlık" olarak gördüğünü oğluna anlatmaya... Ne lüzum vardı aldırdığı çocuklar yüzünden hissettiği vicdan azaplarından kurtulmak için zamanında günde iki saat sahilde yürüyüş yaptığından ve eve döndüğünde de içinden atamadığı sıkıntılardan bahsetmeye... Ne lüzum vardı aldatıldığı günlerde salonun ortasına çöküp, kalorifere bir canlıymış gibi tutunup ısınmaya çalışarak ağladığı günleri anlatmaya... Ne lüzum vardı annesini ağlarken izleyen oğlunun da aynı anda ağlayarak kendisine eşlik ettiğinden ona tekrar bahsetmeye... Ne lüzum vardı şimdi tüm bu kötü şeylere... Hiç lüzum yoktu. "Geçti gitti ayol." Çok hoşuna giderdi böyle söylemek. Şimdi de aynen öyleydi, geçip gitmişti işte. Her şey geçip giderdi, öyle inanıyordu İnci. *Ama bilmiyordu ki kimisi geçip gider kimisi döner tekrar gelirdi.*

Hatta geçenlerde, oğlunun hafıza kaybının bile Allah'tan bir hediye olabileceğini düşünmüştü. Olamaz mıydı yani? Allah ile hesaplaşmaya girdiği günlerde –genellikle kahvaltıda, ilk peyniri ağzına attığında ve mantolaması hiç iyi olmadığı için geceleri üşüdükleri evde yorganı üzerine çektikten hemen sonra– olduğu gibi oğlunun başına bu durumun gelmesini de aynı şekilde karşılıyordu: "Belki bu da Allah'tan bir hediyedir." Allah hep iyiydi çünkü. Onların kötülüğünü istemezdi. Neden istesindi? Kötü bir şey mi yapmıştı da bunlar başına gelmişti? İnci, hep iyi bir insan olmuştu. Bu yüzden Allah hep onun iyiliğini düşünürdü ve onları korurdu. Aldatılması bile hediyeydi Allah'tan, bir lütuftu. Allah'ı daha çok sevsin, ona aşkla dönsün diyeydi. Çünkü eşini mi daha çok sevmeliydi Allah'ı mı? Tövbe hâşâ! Bu da soru muydu! Bu sorunun cevabında ayrıma gittiğinde ve eşini Allah'tan daha çok sevdiğini biraz hissettiğinde Allah ona bu cezayı vermişti zaten. Şimdi bunları tekrar hatırlamaya da lüzum yoktu. Neyse ne, neyse ne! Çok şükürdü Allah'a. Kızmak yoktu artık, isyan hiç yoktu. Hâşâ! Hem artık aldatılmıyordu. Bildiği kadarıyla öyleydi. Allah'ı da çok seviyordu; hem de her şeyden çok. İktidar uzun zamandır Allah'la arasını bozmuş olsa da yine de ilişkisini korumaya çalışıyordu. Gelgitli bir Allah sevgisiydi bu. Allah niye bu ülkeye böyle şeyler yaşatıyordu acaba? Hem Allah iktidarın partisinden değildi ya! Zaten o dışarıdakilerin Allah'ını değil, başka bir Allah'ı seviyordu. Onun Allah'ı daha farklı bir Allah'tı. Neyse. Çocuğu karşısındaydı ya, şükür; başka her şey önemsizdi şimdi.

Birden, "Annenim senin," diye yaklaştı oğluna doğru. Yaklaşırken gözleri dolmaya başlamıştı. Heyecanından berjer de kendi içi gibi sallanıyordu aynı anda. "Çok tuhaf böyle konuşmak şimdi, lütfen kusura bakma," dedi, tutamadığı ve tutmak da istemediği gözyaşlarını eliyle silerek. "Karşında ağlamak istemezdim."

"Anladım," dedi oğlu. Bu cevaptan sonra uzunca bir süre geçti. İkisi de karşılıklı bekliyorlardı. "Beklemek", ortaklaşa saklandıkları eski bir sandıktı sanki. Annesi bu bekleyişe, onu karnında taşıdığı zamanlardan alışkındı. Sekiz ay, yedi gün...

Dakikalar geçtikten sonra oğlu tekrar konuştu.

"Adın nedir?" diye sordu. Dümdüz bir şekilde. İnci Hanım'ın kulağına biraz acımasızca gelmişti bu. İsterdi ki biraz daha sıcak olsun, sıcak bir tonda olsun. Eski günler- deki gibi. Ama şükrediyor ve, "Çok şükür konuştu," diye düşünüyordu içinden.

"İnci."

Cevaptan sonra bir süre daha sessizleşti oda. Cama vu- ran yağmur sesinden başka ses yoktu. Bekliyorlardı yine. Sessizliği aniden terk ederek, "Anladım," dedi oğlu. İnci'nin aklından hızla bin bir şey geçerken, oğlunun aklı su gibi ber- rak, kuş kadar hafif ve hiç el değmemiş temiz sayfalar gibi, tamamen lekesizdi.

"Burası neresi peki?" diye sakince sordu oğlu, odanın gri duvarlarında göz gezdirirken.

"Bizim evimiz," dedi İnci Hanım, hangi sorularla karşı- laşacağının heyecanıyla.

"Bizim," diye tekrarladı. "Senin, benim ve babanın."

"Babam..."

"Evet, baban da burada bizimle beraber yaşıyor. Ama şu anda işte."

Saatine baktı. "Bir iki saate döner."

"Anladım."

"Nasıl hissediyorsun?" diye sordu, konuşmanın hızlan- masından duyduğu memnuniyetle. Belki şimdi kendisini ha- zır hissedip, bu soruya da cevap verebilirdi oğlu.

"Bilmem," dedi yatakta yan dönerek.

Biraz bekledikten sonra, "Her şey yabancı. Sen de öyle," diye ekledi.

Oğlunun gözünde "yabancı" olmak incitiyordu İnci'yi. Annelikten kovulup yabancı görüldüğü bir çerçevenin içine mi geçmişti şimdi? Anneliği bir uykuya mı yatırılmıştı yani?

Şu dönemin yeni günah keçisi ilan edilip sürekli nefret edilen Suriyeli, Afgan, Pakistanlı, Afrikalı sığınmacılardan biri gibi miydi artık? Onlarla aynı yere mi *düşmüştü?* Mahvediyordu onu bu durum. Oğlunun annesini görememesi, onu kontrol edemeyeceği bir şekilde simsiyah bir duygunun içine yerleştiriyordu. Oysa İnci, oğlu olsun diye ne çok dua etmişti... Oğlu olacak; onu hep sevecek, koruyacak ve zor gününde yanında olacaktı. Kocasının yarattığı o tahrip edilmiş alanın yerini onun varlığı dolduracaktı.

Peki şimdi oğlu yok muydu? Annesini tanımayan bir oğul neye yarardı?

"Anneni mi babanı mı daha çok seviyorsun?" diye sorduklarında, "Annemi," diyecek bir oğul yok muydu artık karşısında? Şimdi bu soruyu sormak bile imkânsızken, üzerinden ne kadar zaman geçmesi gerekiyordu?

Peki anneye hiç sevgi hissetmezse, o oğula kızılabilir miydi? Annesini tanımayan bir oğul karşısında anne olunabilir miydi?

Oğlunu biraz da bu yüzden dünyaya getirmişti İnci Hanım. Zor günleri olursa ona baksın diye, hiç yalnız bırakmasın diye. *"Eş gider, çocuk kalır."* Eşi olacak o adamın ne yapacağı belli olmazdı; evlendikleri ilk günden beri içten içe biliyordu bunu. Zaten herkes bilir ama bildiğini unutarak yaşardı, başka türlüsü mümkün değildi bu hayatta... Kimi anne ve baba için çocuk bu yüzden varoluşsal bir nedendi; onları dünyada sebeplendiren, hikâyelendiren, hayata bağlayan. *"Her şeyi senin için yaptım ben, seni büyütmek için. Senin üzerinde hakkım var. Bana borçlusun."*

Peki şimdi gitmiş sayılır mıydı oğlu? Gittiyse, nereye git-
mişti?

Oğlunun onu tanımamasını beklese de, bunu bilse de, incinmekten kurtulamıyordu İnci. Sessiz bir kırgınlığın için-de yuvarlanıp duruyor ve hatıraların ziyaretinden kaçamı-yordu. Yaşadığı hayal kırıklığı ve "görülmeme" duygusu, aklına anne olarak "görüldüğü" o güzel günleri getiriyordu. Oğlu henüz küçükken, köfte yapmak için elleriyle yo-ğurduğu çiğ kıymadan yerdi. "Karnın ağrıyacak yeme," dese bile dayanamazdı. Çiğ köfteler, çiğ yufkalar, henüz pişmemiş kakaolu hamurlar... Oğlu annesine güvenip onun elinden ne olsa yemeye, gerekirse zehirlenmeye bile hazırdı. Birine yüzde yüz güvenmek, gerekirse onun ellerinden zehirlenme-ye açık durmak ve olur da başına böyle bir talihsizlik gelirse şaşırmamaktı. Bu yüzden, güvenin kırılması da zehirlenmeye benzerdi ve insanın içi içini yerdi.

Peşinden bir başka anı kopup geldi geçmişten...

Okuldan birlikte, el ele çıkarlardı. İnci, oğlunun lacivert çantasını sırtına alırdı. Yol boyunca anlatırdı da anlatırdı, anneye göre "konuşkan" babaya göre "geveze" oğlu. Oyna-dıkları oyunları, sınıftakilerin yaptığı mızıkçılıkları, haksız rekabeti, matematiğin zorluğunu, İngilizce öğrenmeyi çok sevdiğini, kantindeki abinin kaşarlı tostunun güzelliğini, harçlığının yettiğini, üst sınıfların alt sınıflarla dalga geçtiği-ni... Elbette anlatamadığı çok şey de olurdu ama bunu bil-mezdi İnci Hanım. Sadece Altan bilirdi anlatamamayı. İnci onunla yürürken "iyi ve vefakâr bir anne" olduğunu bilirdi en çok. Babası nerede olurdu? Nerede olacaktı, uzakta bir yerdeydi işte. Annesine düşerdi oğlunu getirip götürmek, çalıştığı düzeni de buna göre ayarlardı. Babasına gelince, o ayarlayamazdı. "Sen hallediver işte. Uzatma," lafı yeterdi.

Sonra... Mesela doksanlı yıllarda, o ilk su tabancasını aldığında nasıl da mutlu olmuştu oğlu, o gün nasıl da teşekkür etmişti annesine, hem de defalarca. Okuldakilerin aldığını, kendisinin eksik kaldığını gördüğü için sürekli üzülüyordu Altan. *"Senin niye yok? Siz fakir misiniz?"* Yoksulluğun inkârı da olmuyordu, özellikle çocuklar arasında her şey kendini belli ediyordu. *"Sensin fakir."*

"Anne iyi ki varsın," demişti Altan, hediyesini gördüğünde. Bir de su tabancasının ilk hedefi olarak annesini seçmeseydi iyiydi. Ama erkekti işte o da, kadını hedef alabileceğini öğrenmişti bir yerlerden. Daha o yaşında akıtmışlardı zihnine düşmanın cinsiyetini.

Peki ya o gün... Oğlu istediği bölümü kazandığında, dünyalar nasıl da onun olmuştu. *"Öğretmen anneye de böyle çalışkan, edepli, doğru düzgün çocuk yakışır zaten."* Öyle demişti herkes.

Anılar doluyordu odaya, birbirinden çok alakasız ve birbirine çok bağlı anılar. Ne garip, anıların bir sıralaması olmuyordu hatırlarken. Koştur koştur geliyorlardı akla. Yerlerini, ne zaman geleceklerini bile bilmeden, yersizce, çat kapı geliyorlardı. Hatırlamaya hazır mısın, değil misin önemsemeden, içeriye konuk edilmeyi beklemeden... Arada bir anıları da havalandırmak lazımdı, tıpkı odaları havalandırır gibi. Hatırlamak, onları içeriden dışarıya salıvermek miydi acaba? Hatırlamaya izin vermek, onların izinsiz ziyaretlerini de engellerdi belki.

Hatırladıkça, odadan çıkıp salonda ağlayası geliyordu İnci'nin; hazır şimdi kimse yokken, şöyle rahat rahat, hıçkıra hıçkıra. Oğlunu böyle görmeye dayanamıyordu. (Bu, içinden şu an kendisine söylediğiydi.) Oğlu karşısında görülmemeye dayanamıyordu. (Bu, aslında daha doğru olandı.)

"Zamanla her şeyin güzel olacağına inanıyorum," dedi İnci, hissettiklerinin tam tersi bir cümleyle. Dokunmak istiyordu oğluna ama yaklaşmıyor, yaklaşamıyordu bir türlü. Oğlunun, ikisinin arasına bakışlarıyla çizdiği görünmez sınırlar ve odadaki soğukluk izin vermiyordu sarılmalarına. "Sana bir şeyler hazırlamamı ister misin?" diye devam etti. "İçeride yemek var. Köfte, patates, pilav. Yanına da bir cacık yapayım çabucak. Hemen şimdi getirebilirim."

"Teşekkür ederim," dedi. "Bir şey yemek istemiyorum şimdi."

Sessizlik yeniden doldu odaya. Suskunluğun bu ziyareti, iki tarafın da düşünmesine bir kapı aralamıştı aniden. Sessizlik kendisine nasıl yer bulduysa düşünceler de yer buluyordu boşlukta. İnsan konuştuğunda değil, hiç konuşmadığında daha çok düşünüyordu galiba. İnci Hanım bir yandan üzülüp diğer yandan sürecin nasıl ilerleyeceğini merak ederken oğluna "kim olduğunu anlatmayı", kendinden bile saklayamadığı bir heyecanla bekliyordu. Yıllardır aklının içinde saklayıp tuttuklarını bir bir anlatacaktı. Tabii zor olacaktı biraz ama yapabilirdi bunu. Pekâlâ başarabilirdi. Boşuna öğretmen olmamıştı ya... Güzel güzel anlatabilirdi, buna inanıyordu...

Oğlu ise sadece anlamaya çalışıyordu. Tek yapabildiği, elinden gelen tek şey buydu. Bazalı bir yatak ve beraberinde bir yastık bedeninin altında, bir kadın tam karşısında bir berjer uzağında, köşeli ahşap bir dolap yanında, renkli bir halı yerde, beyaz bir tavan yukarıda... Dışarıda, en uzağında da yağmurlu ve bulutlu bir hava... Herkesin herkesi "başının çaresine bakmakla" tek başına bıraktığı bir yüzyılın tanıdık havasıyla doluydu oda.

"Sana her şeyi anlatmalıyım," dedi İnci Hanım, berjere sırtını yaslayarak.

"Neyi?" diye sorarak baktı oğlu, merakla. Kulakları da gözleri gibi kocaman açılmıştı, sonuçta duyacağı her şey onun için kıymetliydi. Kadının ağzından çıkacak her kelime sanki hayatını yeniden şekillendirecek, çizecek, boyayacak; varlığına başka bir istikamet belirleyecekti. Kendisi hakkında duyacağı kelimeler sanki Tanrı'nın ellerindeydi. Tanrı da, çoğunluğunki gibi, ailesi, yani şimdilik, annesiydi.

"Seni," dedi İnci Hanım. "Sana her şeyi elimden geldiğince anlatacağım."

Yabancının anne olmaya doğru yavaşça ilerleyen sürgün yolculuğu garip geliyordu oğula. Bir yer değişikliği yapılıyordu çünkü yabancıdan anneye, zihninin içinde bavullar taşınıyordu paldır küldür... Yabancı, anne olmaya gidiyordu şimdi, kadın olmaya...

"*Bildiğim* kadarıyla tüm gerçekleri anlatacağım sana," diye tekrarladı ardından. Böyle söylüyordu ama sadece bilmesini istediği kadarını anlatacaktı oğluna. Aldatıldığını, zor zamanları, oğlunu üzdüğü yılları ve onun sevmediği huylarını anlatmayacaktı. Lüzum yoktu.

Hafızasını kaybetmiş biri hem mutsuz hem de aynı anda mutlu ediyordu onu. Ne garip şeydi bu... Mutlu ettiğinden kendisinin bile haberi yoktu. Böyle bir şey hiç mutlu eder miydi insanı? Herhangi bir yerde fısıltıyla bile söylenmezdi. Mutlu ettiği falan yoktu!

İnci Hanım, bu gizli hazzından habersiz yaşıyordu mutluluğunu. "Altan..." diye başladı konuşmasına; ona ilk önce adını söyleyerek. Altan, adını duyunca garipsedi; çünkü adı ilk defa konuyormuş gibi hissediyordu. Aslında otuz beş yıl önce bir caminin içinde konmuştu adı. Babası götürmüştü; o günkü müezzin kulağına okumuştu fısıldar gibi. "Bismillahirramanirrahim," dendikten hemen sonra, tertemiz dualarla. Şimdi otuz beş yaşında aynı şey tekrarlanıyordu sanki. Bu sefer cami yoktu, oda vardı; odanın içinde camideki gibi sadece erkekler yoktu, tek bir kadın vardı. Bir anne ve bir oğul arasında olup bitiyordu her şey.

Tarihte, eski Türklerde birine isim konmadan önce onun kahramanlık yapması gerekirmiş. Oysa şimdi, birinin ismini yeniden öğrenmesi için, sadece hafızasını kaybedip uyanması yetmişti...

"1987 yılında doğurdum seni. İstanbul'da. Erenköy'de. Karşıda."

Konuşurken elleriyle pencerenin dışında uzak bir yer gösterir gibi yapıyordu. Sanki karşı taraf pencerenin hemen önündeymiş gibi...

"Bu yakada doğurmadım seni. Biz o zamanlar oralarda oturuyorduk babanla, yine böyle, küçük bir dairede... Şimdi Yeniköy'deyiz ama. Oradan taşınalı çok oldu. Tek tek anlatacağım hepsini sana."

Nereden başlayacağını bulmaya çalışıyordu içinden.

Kısa bir soluk alıp verdi. Aldığı soluk yardımına koşsa da, aynı zamanda işini kolaylaştırmasını da umuyordu. Nefesinden medet umarken Allah o anda pek aklına gelmemişti. Son zamanlarda araları pek iyi değil diyeydi belki...

"Tabii sen İstanbul'u da bilmiyorsun, çok şey anlatmam gerekecek. İstanbul, iki yakalı bir şehir. Avrupa ve Asya yakası. Biz şimdi Avrupa yakasındayız. Bu yakada yaşıyoruz. O zamanlar karşıdaydık. Seni doğurduğum zamanlar, Asya yakasındaydık. Seni o tarafta okuttuk. Eski bir devlet okulunda. O tarafta derken çok uzak değil buradan. Trafiksiz yolda, şimdi arabaya atlasak kırk beş dakikaya geçeriz karşıya. Hele seni büyütürken hiçbir yer bugünkü gibi değildi. Ama şimdi her yer her yol kalabalık. En az bir saati bulur karşıya geçmemiz. Neyse. Ne diyordum? Sen severek gittin okula, çok severek hem de. Ben de seni okuttuğumuz devlet okulunda öğretmenlik yapıyordum. İlkokul öğretmeniydim. Çocukları çok sevdiğimden seçmiştim bu mesleği. Eee, bir kadına da en çok öğretmenlik yakışır, öyle derler. Sana her akşam kitap okudum, kitaplarla büyüttüm seni. Bu arada severek yaptım işimi. Öğretmen olmam senin de hoşuna gidiyordu. Hava atıyordun arkadaşlarına. 'Annem öğretmen, benimle aynı yerde, bu okulda hem de,' diyordun. Torpilli çocuk falan demesinler diye sen başka sınıftaydın, ben başka sınıfta. Gerçi yine de, 'Anası öğretmen, aileden torpilli,' dediler. Hep derler. Ben hiç takmadım da sen biraz üzülürdün. Bilmezdin ki herkes torpillidir bu memlekette. Aman neyse. Aa, neydi senin ilkokul öğretmeninin adı? Ne tatlı kadındı o, tombul yanaklı. Şeydi adı şey, ay söylesen keşke... Hah, Melahat ya Melahat, hatırladım. Melahat Parlak. Tatlı bir kadındı, biraz kiloluydu hani. Hatırladın mı? Çok severdin sen de. Zaten şişman kadınları herkes sever. Ama inceleri sevmezler, tedirgin olurlar, açtır diye herhalde, doyurmaları gerekir falan diye. Aman bilmiyorum. Ben de biraz kiloluyum, beni de severler, baksana halime, kalçalarım fazla, son zamanlarda çok yiyorum, sıkıntıdan. Neyse beni bırak da, Melahat Öğretmen senin için hep biraz utangaç, derdi bana, biliyor musun? 'İçekapanık sizin oğlunuz İnci Hanım.' Ay bir üzülmüştüm ki anlatamam. Ama sonra da, 'Açılır,' demişti. 'Nasıl açılacak?' demiştim. İnsan nasıl açılır? Neden kapanır ya da? Sonra yıllar geçti. Hakikaten dediği gibi oldu. Vallahi dediği çıktı. Zamanla daha dışadönük oldun. Öğretmeninin dediğini sana söylediğimde ve, 'Biraz yırtık olsana, şu arkadaşın yok mu Davut, biraz onu örnek alsana, yırtık ol yırtık,' diye sana kızdığımda, 'İçedönük olmak kötü bir şey mi ki anne?' diye sormuştun bir gün bana. Boş yere kızmışım, açılmıştın sonra. Ama hep düşündürürdün beni Altan'ım, hep. Sorular sorardın. Öyle öyle yıllar geçti. Ama sorumluluğunu hep bilirdin. Ödevlerini yapar, arkadaşlarınla iyi geçinirdin. Bir gün olsun Melahat Öğretmen kötü bir şey söylemedi seninle ilgili. Diğer arkadaşların kavgaya falan girerdi. Veliler okula çağrılırdı. Yok oğlum, inanır mısın, sen hiç! Bir de erkek çocuğu yani, zor olur, yaramaz olur derler ama sen hiç zorluk çıkarmadın bana. Öyle geçti ilk yılların. Sonra iyi de bir lise kazandın. Kadıköy'de. Anadolu Lisesi. Parasız. Çok sevinmiştik. Yalnız evimize biraz uzaktı orası. Baban götürür bırakırdı bazen. Bazen de servisle giderdin. O zamanlar ucuzdu servisle gitmek, şimdi fiyatlara inanamıyorum vallahi. Aylığına bin beş yüz lira falan diyorlar, şaka gibi... Kim verebiliyor bu paraları ben anlamıyorum. Neyse ben çok sevinmiştim orayı kazanmana ya... Vallahi... O zamanlar çok önemliydi böyle okulları kazanmak, bakma şimdi de önemli ama her yer lise, üniversite doldu. Adım başı üniversite İstanbul. Rezalet resmen rezalet. Sen okurken öyle değildi. Kadıköy Anadolu Lisesi deyince herkes bir dururdu. Destur yani. Anladın değil mi ne demek istediğimi? Liyakat diye bir şey vardı liyakat, ondan... Şimdi o kalmadı. Şimdi her şey çok değişti oğlum, çok."

Altan'ın karşısında bazı gereksiz ayrıntılara girdiğinin farkında, heyecanla devam etmeye çalıştı.

"Oğlum, bu arada sen de arada soru sorabilirsin. Öyle de devam ederiz yani, ister misin? Beni durdurabilirsin ben anlatırken. Her şeyi anlatmak ne zor. Nasıl yapacağım oğlum? Neyse. Ne diyordum? Sen liseyi bitirirken, üniversite sınavı zamanlarında çok çalıştın. Hem de ne çalışmak. Sabah akşam odandaydın. Çıkmazdın mecbur olmadıkça. Sana sürekli yemekler yapıp odana bırakıyordum. Zeytinyağlılar, köfteler, börekler, kekler; domatesli, beyaz peynirli, salamlı sandviçler... Ama bir yandan da okuldayım. Okuldaki öğrencilerim de var. Ay bir yandan da baban; onun ütüsü, çamaşırı, yemeği, evin temizliği. Çok zor oluyordu, yoruluyordum yani. Anam ağlıyordu vallahi. Para da kalmıyordu ki eve temizlikçi alayım teyzenler gibi. Onlar alırdı mesela. Hanımları vardı. Ben alamadım. Hiç. Saçımı boyatamadığımı bilirim parasızlıktan. Neyse. Bu arada sen sürekli ezber yaptın. Ay ne zor geçti o zamanlar senin için bir bilsen. Her gün, 'Bitse de kurtulsa,' diyordum. Ama seni hep şükranla izliyordum. Eşe dosta anlatıyordum. Benim oğlum şöyle, benim oğlum böyle diye. Çok mutlu oluyordum seni çalışkan görünce. Gece gündüz demeden çalışıp liseden sonra siyaset bilimini kazandın, Boğaziçi'nde. Kazandığın ilan edilince evde hep beraber havalara uçtuk. Baban da uçtu. Onu ilk kez öyle görünce çok şaşırmıştım. Beklemiyordu ama ben bekliyordum. Aman, negatif adam. Hep negatifti hep. Oldum olası."

Boğaziçi deyince Altan kazanılması ne kadar zor ve önemli bir yeri kazandığını algılamamıştı tabii. Annesi de bunu fark ettiğinden, hemen tekrarladı.

"Boğaziçi, Türkiye'nin en iyi üniversitelerinden biriydi. Bugün de öyle ama işte Türkiye burası, her gün her şey değişiyor. Şimdi protestolar, kayyumlar, bir şeyler. Üniversiteler de iyice kötü halde. Aman sorma onları hiç, valla içim şişiyor. Haberlerde öyle şeyleri görünce değiştiriyorum. Yok öğrencileri tutukladılar, yok serbest bıraktılar, yok kayyum atadılar. Yok zam zam zam; domatese zam, kahveye zam, benzine zam. Sen şimdi Türkiye'yi de unuttun değil mi? Sana burayı da biraz anlatmam gerekecek. Unutman iyi mi kötü mü inan onu da bilmiyorum. Bir ülkeyi sürekli hatırlayarak, onunla burun buruna yaşamak da zor. Vallahi bazen bu ülkede yaşayınca her şeyi unutmak istiyor insan, tıpkı sana olan gibi."

Son cümleyi kurduktan sonra bir an garipseyip durdu. Kendine odada bir nokta seçti –halının kenarındaki kalın uçlu beyaz ipler– ve gözleri oraya daldı. Her şeyi neden bu kadar hızlı anlatıyordu? Gerek var mıydı? Ne yapacağını, nerede soluklanıp nerede duracağını bilmiyordu. Şaşırıp kaldı kendi tavrı karşısında. Aynaya ihtiyaç duymadan ne kadar trajikomik bir durumda olduğunu gördü. Ama olan olmuştu; paldır küldür, karman çorman da olsa anlatmıştı bir şeyler. Altan'la konuşma özlemi de böyle hareket ettirmişti İnci Hanım'ı.

Peki, Altan ülkede olup bitenleri unuttuğu için hakikaten şanslı mıydı yoksa şanssız mı? Çünkü çok yıpranıyordu bazen. Yoruyordu ülke gündemi onu. Hafızasını kaybetmemişken yani, eskiden. Altan, bu esnada söylenenleri hem çok iyi anlıyormuş gibi dinliyordu hem de hiç anlamıyormuş gibi "Evet, hı hı," gibi bir şeyler mırıldanıyordu.

"Karışık mı anlatıyorum, çok mu konuşuyorum bilmem ama Türkiye'yi anlatmadan, sana geçmişini ve seni anlatmak da zor. Hele Türkiye'yi anlatmak... İnan epey iş düşüyor bana... Nereden başlamalı ki? Zor yani zor."

Biraz durdu.

"Ay Altan... Biliyor musun, sen anlatırdın bana Türkiye'yi. Osmanlı'dan Türkiye'ye geçişi, bu yeni Osmanlıcılığı, tarihteki dönemleri, darbeleri, milliyetçiliğin nasıl başladığını, neden olduğunu, bu ülkenin muhafazakârlarını, İslamcılığı, Avrupa'nın gidişatını, kolonyalizm miydi kolonyal mi ne öyle bir şey vardı, işte onu, bugünkü ve geçmişteki iktidarların durumlarını falan. Öyle güzel anlatırdın ki... Hayran hayran dinlerdim salonda. 'Kimi siyasetçiler ütopya peşinde Türkiye'de kimileri de nostalji,' derdin. Bir de, 'Anne, artık hem eski Türkiye diye bir şey var, iktidarın istemediği; hem de yeni Türkiye var, bize dayatılan. Bu tamamen tarihi ve toplumsal hafızayı şekillendirmekle alakalı,' diye aydınlatırdın beni. 'Aa, hiçbir şeyden haberim yok, bu bilgisizlikle nasıl yaşıyorum ben,' derdim sana, sen de benim kendimle dalga geçmeme gülerdin. Tabii senin kadar kafam basmazdı benim, gerçi şimdi de basmaz ya. Burada zaten çoğu insanın aklı çoğu şeye basmaz; ilgisiz, meraksızlar... Bundandır bu halde olmamız.

Peki şimdi ben nasıl anlatacağım ki? Senin karşında, sana, senin sular seller gibi bildiklerini tekrar anlatmak... Anlatamam ki zaten. Benim için de inan çok zor oğlum."

Cümlesini bitirirken ağlamaya başladı annesi. Altan'ın ona anlattıklarını hatırlıyordu, tane tane. Engin bilgisinden faydalandığı geçmiş günleri hatırlıyordu. Bir zamanlar, tüm hayali somutlaşmış halde karşısındaydı İnci Hanım'ın. Peki ya şimdi karşısındaki bilgisiz, cahil kalmış Altan kimdi? Korktuğu bir kâbus mu? İdealize ettiği evladın tam tersi mi?

"Peki ben şimdi neler yapıyorum? Kimler var hayatımda, ne işle uğraşıyorum? Onları da anlatsan," diye konuşmalarını yönlendirdi Altan. İlk kez yapıyordu bunu. İnci Hanım, oğlunun karşısında ağlamaklı olsa da onun sesini duyduğu, tekrar ona ulaşabildiği için aynı zamanda sevinçliydi.

"Tabii anlatayım. Şimdi... Şimdi derken, son zamanlarında, hafızanı kaybetmeden, tüm bunlar olmadan önce, üniversitedeydin. Öğrencilerine hocalık yapıyordun. Dersler veriyordun. İyi de maaş alıyordun. Ama hâlâ bizimle yaşıyordun. İstanbul'daki ev kiraları, kriz derken evden tümüyle çıkmak mümkün olmamıştı senin için. Türkiye'deki kriz seni bize daha çok bağlıyormuş, bize hep böyle söylüyordun, daha doğrusu bana. Babanla çok konuşmazdın. Şey diyordun, zorlaşıyormuş bu ülkede özgür olmak, iktidarların da işine geliyormuş. Gizlice en özgürlükçüsü bile muhafazakârlaşıyormuş bu ülkede, bu düzen içinde, daha çok çalışmaya bağımlı hale geliyormuş. Öyle şeyler anlatıyordun hep. Bu arada, bu oda senindi halbuki, sadece senin. Özgür olamaz mıydın burada? Burası şimdi de dolu, her şeyin burada, aynı şekilde duruyor. Hiçbir şeyin yerini değiştirmedim. Bakınca görürsün. Çalışmaların, sözleşmelerin, öğrencilerinin tüm kâğıtları hâlâ şurada, hiç dokunmadım kızarsın diye..."

Altan, kim olduğunu öğrenirken, yapmış olduklarını dinlerken garip bir ürperti duyuyordu yüreğinde. Sanki hikâyesi yeniden yazılıyormuş gibi hissediyordu. Annesi kalemi eline almış, Altan'ı yazıyordu mürekkebi yüzüne doğru sıçrata sıçrata. Konuşmak, birinin hayatını yazmak işlevi görüyormuş gibiydi şimdi. Kızdığından falan bahsediyordu bir de. Altan neye kızdığını bile bilmiyordu ki. Gerçekten kızar mıydı kâğıtlarına dokunulduğunda? Bunu öğrenince demek ki kızıyormuşum, diye düşündü. "Kim olduğunu bilmek, böyle bir şey mi?" sorusu dolaşıyordu zihninde. *İnsanlar kim olduklarını ailelerinden mi öğreniyorlar böyle, dinleye dinleye, cümleler arasında dura kalka? Ülkelerini nasıl öğreniyorlar, çevrelerinden mi? Yani çevreleri ne kadar anlatırsa, onlar da o kadarını mı biliyorlar? Herkesin yolu aynı mı, yoksa kendi yaşadıklarından sonra maruz kaldığı tek çözüm, tek çare mi bu?*

"Hayatımda kimler var demiştin. Söyleyeyim onu da. Çok uzun zamandır biri yoktu, benim bildiğim. Ama son yıllarda Meryem diye biri var. Bizlere de epey bahsetti. Senin için en önemli kişi, öyle derdin. Seni hayata bağlıyormuş. Ben unuttum sana ondan bahsetmeyi. Ne anlatacağımı, nasıl anlatacağımı şaşırıyorum. Kusura bakmıyorsun değil mi oğlum?

Meryem, kız arkadaşın. İki sene, evet, iki sene oldu galiba. Değil mi? Öyle demiştin en son bana. 2022'deyiz değil mi? O zaman iki sene olmuş. Ara ara ona gidip geliyorsun. Bazen onun evinde kalıyorsun. Neredeydi evi ya? Aa, bende de akıl kalmadı. Beşiktaş taraflarında oturuyordu galiba. Uzak değil diye seviniyordun çünkü. Bazen üşeniyordun gitmeye, indi bindi yapman gerekiyor diye. Yok yok. Levent taraflarında mıydı acaba? Orası da buraya biraz uzak, değil mi?"

Soruları karşısında öylece duruverdi Altan. Annesi dalgınlıkla cevap beklediğinden, bir anda sinirı bozularak güldü.

"Bir de sana soruyorum, aman oğlum, özür dilerim. Meryem'in evi Cihangir'deydi galiba. Neyse. Şimdilik önemi yok. Eminim yakında görüşürsünüz zaten. Gelir buraya. Daha önce birkaç kez gelmişti. İşleri yoğundu onun, öyle anlatırdı hep. O seni arar muhtemelen yakında. Yarın falan hatta. Bak telefonun da burada."

Annesi, eski ama eski olduğu için de kıymetli ahşap komodinin üzerindeki telefonunu işaret etti konuşurken.

"Kimse dokunmadı, öylece duruyor. Bakmak, aramak, kullanmak istersen... Ben de dokunmadım hiç. Zaten yapmam öyle şeyler, çok kızardın özeline girilmesine. Öğretmiştin bana sınırları. Bu ülke insanında sınır kavramı yok diye çok efelenirdin, babanla beni kastederek. Vallahi hiç dokunmadım, başucuna bırakıyorum telefonunu. Belki birileri arar seni. Ama yine de bana haber ver. Nereye, kiminle gideceğini bileyim... Tamam mı oğlum? Kızma ama inan benim için de zor, en az seninki kadar. Ama bence ilk önce Meryem'le buluş. Beni bir iki kere aradı geçen, nasıl olduğunu sordu. Gidişatını bilmek, hep haberdar olmak istiyor. Mutlaka gör-

mek istiyor seni. Ee, haklı zaten, görmesi gerek. Çok özle-
miştir, eminim. Konuşurken sesinden bile anlaşılıyor. Sen de
özledin onu, değil mi?"

Özlemek, özlemek, özlemek... Tekrarlıyordu içinden
kelimeyi. Bunu da öğrenmesi gerekecekti yeniden. Acaba in-
sanlar bu yedi harfin içine nasıl duygular üflüyordu?

3

BABA ADI: SAİT

Yeniköy'ün ilerisinde, İstinye'ye doğru giden yolda, köprüyü gören bir bankın iki ucuna oturmuşlardı. Sanki onlar İstanbul'u değil, İstanbul onları izliyordu. Tabii oturdukları yer sadece Sait'e göre İstinye'de bir yerdi; Altan'a göre yeryüzünde sadece deniz gören bir sahil şeridi, henüz yeni tanışılmış bir Boğaz, hepsi o kadar. Sait bankın bir ucundaydı, oğlu diğer ucunda. Aralarında bir boşluk vardı; eğer gelseydi, İnci'nin ancak doldurabileceği kadar bir boşluk. Sait'in elinde durmadan tüttürdüğü en ağır en ucuz sigaralardan biri, hafif rüzgârla, hızla küle dönüyordu. Boğaz'ı seyrederken yüzündeki kırışıklıklar güneşin ışığına kızgınlıkla tepki veriyor, sigarasını biraz sıkıntıyla –oğluna karşı ne yapacağını bilememenin sıkıntısı– biraz keyifle –havanın ışıltılı güzelliği– içine çekiyordu. Sigara içine dolarken, "Ne anlatacağım ben şimdi?" diye düşünüyordu. Çünkü dün gece İnci Hanım ona, "Yarın al oğlunu, sahilde yürüyün, zaman geçirin," demişti. "Evde hep benle hep benle olmaz. Altan senin de oğlun. İdrak edemedin bir türlü." Sait, karısını haklı bulsa da içinde ne yapacağını bilmeyen, ne diyeceğini bilmeyen bir boşluk vardı ve oradaki boşluktan aşağı düşmekten korkuyordu. Tek umudu oğlunun da konuşmaya dahil olmasıydı. İnci Hanım, oğlunun ilk konuşmalarında çok katılımcı olmadığını, sessiz kaldığını söylediğinde gerilmişti Sait. Sessiz insanlara katlanamazdı. Çünkü kendisi ikili diyaloglarda hep sessiz kalan taraf olmayı severdi ve bu yüzden kendisinden de ara ara nefret ederdi. Şimdi yanında otururken oğlunun onu "babası" gibi görmediğini hissediyor, o da aynı İnci gibi bu durumdan ötürü kendine sakladığı bir üzüntü yaşıyordu. En büyük rolünü kaybetmişti oğlunun karşısında; baba rolünü. Zordu bunu görmek, bununla yüzleşmek, burun buruna gelmek... Sen yıllarca oğlunu büyüt, vaktini ona ayır, hayatındaki çoğu şeyi ona göre ayarla; o gelsin seni bir gün tamamen unutsun, tüm yaptıklarınla, tüm emeklerin ve tüm çabalarınla. Olacak iş mi bu?

Sait'in, İnci Hanım gibi ağlayası gelmiyordu ama sahil bomboş olsa belki ağlayacak bir Sait bulurdu içinde bir yerlerde gizlenen. Kimsesiz, insansız bir yer yoktu ki şu pezevenk İstanbul'da. Her yer insan, karınca gibi hepsi her yerdeler; vıcık vıcık, yapış yapıştılar. "Bok var geliyorlar İstanbul'a. Bok var sanki!"

Öte yandan Sait geçmişini tamamıyla unutmuş oğluna az sonra bir geçmiş çizebileceği için heyecanlıydı. Bir heykeli tasarlar, bir resmi çizer, bir roman karakterini kurgular gibi çocuğunu da yaratabilirdi en baştan. Böyle bir şey "nasip" olmuştu ona, İnci'ye de olduğu gibi...

Oğlunu tasarlarken, ona geçmişini yeniden anlatırken, kendi yaptıklarından da özgürleşebilir, oğlu karşısında günahlarını temizleyebilir, arınabilir, yıkanabilir, sonra kendisini kurutup bembeyaz bir çamaşır gibi karşısına asabilirdi. Tertemiz bir baba. Hatta belki de çoktan yıkanmıştı bu hafıza kaybı vesilesiyle; tüm günahlarından, yanlışlarından kurtulmuş, kurumuştu bile. Çünkü oğlu her şeyi unutmuştu. Biraz ayıp olacaktı ama, "Şükürler olsun," dedi içinden; kuşlar bir yaklaşıp bir uzaklaşarak, Boğaz'a yansıyan ışıltıların arasından dans ederek geçerken...

Altan'ın bu durumu, oğlu karşısında ona bir iktidar sağlıyordu. Kaybettiği "babalık" iktidarının da bir nevi telafisiydi.

Geçmişini hatırlayıp duranlar, hep ailelerini suçlarlar. Çocukluğuna inen herkes için, orada, zamanında yanlış davranan ya da ihmal eden yani "suçlu" bulunan bir anne ya da baba olur mutlaka. Her durumda, anne ve baba hep suçludur çocukların karşısında. Varken de suçlulardır yokken de. Ebeveynler hep duygusal tabancaların hedefindedir. Aileleri "öyle" yapmasalardı bugün "böyle" olmazlardı. Herkes aynı şeyleri söyler durur. Tüm babalar, tüm anneler hatalıdır. "Keşke herkes anne baba olmasa," derler ve hemen ardından birbirlerine ne zaman evlenip çoluk çocuğa karışacaklarını sorarlar. "Herkes anne baba olmasın ama sen ol, ancak sana yakışır." Böyle sürüp gider...

Ama Sait ve İnci çifti şanslıydı, oğulları geçmişten kurtulmuştu. Altan sayesinde onlar da çizdikleri kötü imajlarından, hatalarından, yanlışlarından, çocuklarında açtıkları yaralardan, onu ihmal ettikleri zamanlardan kurtuluyorlardı. Öyle ya, geçmişsiz bir oğul, bundan sonra hiç suçlanamayacak bir anne ve baba demekti. Zaten artık çocukluğu olmayan bir insan nereye gidebilirdi ki? Arkasını dönüp nereye bakabilirdi ki? Bu yüzden Sait Bey de iyi babaydı. Kutsal baba. Tanrı gibi baba; kusursuz, en iyisinden, son model baba. Baba gibi baba!

Yandan bakınca babası birilerine benziyordu mutlaka ama Altan'da onu birine benzetecek örnekler kayıptı artık. Güzele ya da çirkine benzetmek bir yana, babası babaya bile benzemiyordu onun için. Adına, "Baba," denen bir yabancıydı şimdilik. Dökülerek oldukça az kalmış kır saçları, üzerinde kalın gri montu, ayağında siyah rugan ayakkabıları, beyazlamış ve kurumuş bıyıkları, kesilme vakti gelmiş beyaz sakalları, kalın ve kıvrık duran beyaz kaşları ve ellerinin üzerinde siyah kılları olan bir yabancı. Altan'ın kimliğinde şöyle geçiyordu bu yabancının adı:

"BABA ADI: SAİT"

Tabii kimlikteki bu gösterge yetersizdi. Babanın, yaşadığı toplumun içindeki "baba"lara benzemesi gerekiyordu. Daha da önemlisi, ona, "İyi baba," denmesi için toplumda bazı kaideler vardı. Neydi o kaideler? Örneğin, kesinlikle ve hiç istisnasız, işe gidecekti baba. Mümkünse sabahları hemen çıkacaktı evden, ne kadar geç gelebilirse de o kadar iyiydi. Evine dönerken mutlaka ama mutlaka para getirecekti ve evin işlerine çok karışmayacaktı. Sonra... Mesela "iyi" bir baba olacaksa karısını aldatmayacaktı, öyle çok çapkın olmayacaktı. Bilhassa "çok" çapkın olmasın, denirdi çünkü biraz çapkın olmaya izin vardı; ne de olsa her erkek bunu yapardı. Ama tabii "görünmeden" yapsındı. Yani, en azından eşi duymasındı. Gizli yapılan çapkınlık kabahat sayılmazdı. Gizli derken, erkekler arasında bunun gizlisi saklısı olmazdı tabii; hatta tam tersine bir erkeğin karısını aldatması onlar arasında bir erkeklik yarışına dönüşürdü kimi zaman. Ne kadar çok yapabiliyorsan o kadar erkeksin! Bir akıl verme yarışıydı aynı zamanda. "Oğlum, arada sırada olur, sik et ama sen yine de çok abartma."

Başka bir kadına "âşık" olunmadıkça sıkıntı yok, kadınlarla yatıp kalkmaya devam. "Âşık olmasın da ne yaparsa yapsın... En kötüsü evliyken başkasına âşık olanlar." Veya İnci Hanım'ın deyişiyle: "Aman nerde ne bok yerse yesin, ben bilmeyeyim, boklarını eve taşımasın yeter." Yani aldatılmanın görünmez olanı, bilinmeyeni makbuldü ama görüneni, bilineni, öyle uluorta gösterileni aykırı...

Dolayısıyla iyi babalıktan kovulmak için birinci kural, görünür bir aldatmaydı; üzerinde görünür bir lekeyi evde karına, çocuklarına göstermekti. Yani babanın bilinmeyecek, diğer ülkeler kadar uzakta duracak olan çapkınlığı "iyi" baba olmasından pek bir şey götürmez ama denildiği gibi bunun da bir adabı var. İkinci olarak çocuğuna bakmayan baba; çocuğuyla ilgilenmeyen, barınma ihtiyacını, okul masraflarını, bez masraflarını, giyim masraflarını, sağlık masraflarını karşılamayan yoksul bir baba, "iyi baba" olmaktan da uzaktır. Eksik babadır o. Yetersiz babadır. Eğer babaysa kazanacak, ne kadar kazanabilirse kazansın ama çok kazansın; gitsin köpek gibi çalışsın mümkünse, it gibi de sürünsün, tıklım tıklım otobüste başkalarının ter kokularını içine çeke çeke gidecekse de gitsin o işe. Yeter ki gitsin ve çalışsın. Çalış çalış çalış! Ömür boyu. Yaşlanana, elin ayağın tutmayana, ellerin titreyene kadar. Çalışmayan erkek neye benzer? Eli ayağı tutan tüm erkekler çalışacak ve kendine baba diyorsa çocuğuna bakacak! İşsiz babaya da yoksul, sefil babaya da, "İyi baba," denmez. Çalışmayan erkeğe de kız "verilmez" zaten.

Sait'in babasına göre de iyi baba olmak şöyleydi: "Karını da çalıştırmayacaksın oğlum. Hoş gözükmez. Sen çalışacak, onlara bakacaksın. Eşin çalışmayanı daha iyidir. Biz böyle görmüşüz, bilmişizdir."

Çocuğunun yanında olmalı babalar. Üçüncü kural olarak eklenebilir bu. Yanında durmak, o evin içinde hiçbir şey yapmadan bile olsa "durmak". Bir koltuk köşesi olur, sofranın başı, kapının kenarı olur; fark etmez. Bir baba çocuğuna uzak dururza "iyi" babalıktan dışlanabilir. Bu yüzden evin içinde olsun baba, yakın dursun. Yakın derken o kadar da yakın değil. Mesafe şart. Aynı Sait'in babasının dediği gibi: "Çocuğa otorite şart. Otorite çok önemli. Hele de oğlun varsa otoriteyi bilmeli. Çok yakın da durma ama uzak da kalma. Gerekirse dayağı da yeri geldiğinde eksik etme, biz böyle öğrendik, yetiştik." Otoritesi de olsa, çok sert de olsa, çocuğuna eziyet edecek bile olsa, cezalar vere vere onu eğitecek hatta psikolojik işkence edecek bile olsa evde kalsın, evde olsun. Uzakta olmasın çocuğuna! O zaman "iyi baba" olmaktan kovulmaz. Ama uzağındaysa iyi babalıktan dışlanır. Uzakta duran baba, iyi baba değildir; olsa olsa "kötü baba" olur o, layığı da budur. "Eşinin, çocuklarının başında" olmak çok önemli! Başında özellikle. "Başında." Ama sonra Sait gibi babaların ailenin "başına getirdikleri" pek önemli değil, orasını kimse karıştırmasın.

Çocuğuna nasıl uzak durmasın peki? İşte, mesela ilkokulda öğretmen okula çağırdığında, "veli"si olabilir. Onu yapamazsa –hani işleri falan olabilir tabii, kabul– en azından akşamları bir "aile masası" kursun evde ve orada, özellikle yemek masasının başında otursun. Masanın başı olacak ama, mümkünse ortada bir yerde oturmasın babalar. Sonuçta "otorite" lazım eve. İyi babaların iyi otoriteleri ve evde iyi oturma düzenleri olur. Otorite, denetim, kontrol. Eğer aile masası ve babanın oturduğu başköşe de olmayacaksa, hele hele her akşam seslenip çocukları çağırmayacak ve onları zorla yerlerine oturtmayacaksa, "iyi" babalıktan sınır dışı edilebilir. Çocuklar babalarını görmek zorunda. Ne olursa olsun. Eğer olamıyorsa o zaman "iyi baba" da denmez ona.

Ayrıca erkek çocuğu olan bir baba, onun ilk geneleve götürülüşü, ilk mastürbasyonu falan, bu konuları da takip etmeli. Kendisi yüz göz olmamak için müdahale etmese de oğlunu yüreklendiren, yönlendirenlerden geribildirim almalı. Nasıl "karılar" sevilir, hangi tarz memeli kadınlar daha iyidir, kadınların nerelerine bakılır, memeleri nasıl avuçlanır, kadınlar hangi ritimde parmaklanır, ne tarz popolar makbuldür; bu konularda bilgilendirildiğinden emin olmalı. Arkadaşlarının ya da abilerinin, çocuğun tecrübe kazanmasına katkıda bulunduklarını bilmeli. Öyle ya, tecrübesiz erkek, erkek olmaz. Malum, cinsellikte tecrübe çok önemli. Babanın da görevi bu tecrübeden haberdar olmak. Çocuğa, "Tecrübesiz," demesinler sonra. Ya da "senin oğlun gey", "ibne", "top" falan demesinler. Allah, tüm babaları bu söylemleri işitmekten korusun. Maazallah yerle bir olur tüm otoriteleri, krallıkları.

Altan'ın babası Sait, iyi bir baba olup olmadığının iç hesaplaşmasını yaşıyordu son zamanlarda. Yine kimselere hissettirmeden içten içe yapıyordu bunu. İlk aklına gelen, oğlunun hangi sınıfta olduğunu zaman zaman bilmediğini, bildiğinde karıştırdığını, "Liseye geçti galiba bu sene," diyerek etrafına bilir gibi görünmeye çalıştığını hatırlamasıydı. Çocuğunun yanında olmaya gelince... Olmuştu işte, olabildiği kadar. Ortalama her baba kadar, elinden geldiğince, gücü yettiğince. Mesela çocukken doğum gününü kutlamıştı hep. "Doğum günün kutlu olsun oğlum," çıkmıştı ağzından. Ancak oğlu büyüdükçe ağzından çıkan kelimeler azalmış, harf harf çiğnenerek yutulmuştu. Hatta bu yüzden, sonraları oğlunun doğum gününü kutlamadığı zamanlar bile olmuştu. Altan bunu fark etse bile önemsememiş, daha doğrusu önemsemediğine kendisini inandırmak istemişti. "Babamın düşündüğü bir sürü şey var, unutması normal."

Ne garipti insanın, inanmak istemediği şeylere inanıyormuş gibi yaparak yaşaması... Ve yalanlara inanmanın, insanı gerçeğin ağırlığından kurtarmaya yaraması...

Oğlunun sünnetini hatırlamıştı Sait. Ta Reşitpaşa'daki Doktor Kubilay Bey'i ayarlamıştı. "Çok acıtmadan kesin oğlumun sikini haa. İyi uyuşturun. Erkek olacak oğlum," derken nasıl gururlandığı dün gibi gözünün önündeydi.

Ama oğlu henüz yedi yaşında olduğu ve iğneden hatta bedenine değecek her şeyden acayip şekilde korktuğu için dayanamayıp yol boyunca korkuyla ağladığında, trafikte kırmızı ışıkta durduğunda hınçla arka koltuğa dönüp, "Erkek adam değil misin lan sen, korkmak olmaz, yakışmaz, karı gibi ağlamayı kes, bırak bu işleri," demişti. Böylece yine oğlunun yanında olmuş, kendince oğlunu düşündüğünü kanıtlamıştı. O sırada İnci Hanım da, "Haklı baban," diyerek oğluna dik dik bakmış, eşine hak vermişti. Çocuk annesinin gözlerinde ona yönelik cepheleşmiş hıncı ve o erkeklik beklentisini görmüştü. Çünkü İnci Hanım'a göre de cidden oğlu artık ağlamayı kesmeli ve aileyi bu şekilde rezil etmemeliydi.

Sünnet bitip, aradan seneler geçince ergenliğe giren oğlunun mastürbasyon yapmış olduğuna dair belirtiler –yüzde bazı sivilceler ve banyodaki çöpün içindeki buruşuk, parçalanmış peçeteler içinde yapış yapış meniler–, vücudundaki tüylenmeler ve mahallenin kahvehanesindekilerin baskısı da üstüne eklenince ("Biz Mahmut'u götürdük geçen milli olmaya. Yok mu şu ileride, arka sokaklarda bir genelev? Aynen oraya götürdük. Sait sen götürmedin mi hâlâ lan oğlunu? Götür artık. Bizimki milli oldu çok şükür.") oğlunu derhal geneleve götürmüştü. Oğlu içeride kısa bir süre kalmış, Sait onun içeride kısa kalmasının nedeninin ilk oluşu olduğunu düşünmüştü. Altan'ı ezmek istemeyerek ona sadece, "Afferin, nasıldı karı?" diye sormuştu. Kısa ve net bir soruydu. Oğlu da, "Sağ ol baba, iyiydi," diyerek hiç uzatmadan, onun gibi kısa bir cevap vermiş; içerideki Özbek kadınla sadece sohbet ettiklerini, kadının bir yandan elleriyle kendi memeleriyle oynayıp bir yandan Altan'la sohbet ederken mahallede polislerle olan münakaşalarını anlattığını, laf arasında Altan'a, "Var ya, sana bir şey diyeyim mi, aslında orospuluk en politik mesleklerdendir, unutma bunu," dediğini, ucuz parfüm, meni ve ter kokan odada Altan'a oral seks yapan kadına karşı sikinin kalktığını ama biraz heyecandan biraz da kendisini oldukça soğuk ve belli ki hiç ısınamayan odanın içinde tedirgin hissettiğinden vajinal birleşme yaşamadıklarını babasına söylememişti. Bu sır Özbek kadınla Altan arasında kalarak geçmiş zamanda bir âna gömülmüştü. Gerçi şimdi bu sırrı sadece hatırlama yetisini kaybetmemiş o kadın biliyordu, Altan değil.

Askere giderken de oğlunu kendince yolcu etmişti Sait. Annesi sokağa inip Altan'ı götüren arabanın arkasından su döktüğünde Sait apartmandan aşağı inmemiş, yukarıdan, "Hadi selametle git selametle gel," diyerek bu tutumu yeterli bulmuş ve içeri geçmişti. Altan babasının aşağı inmemesine bozulsa da bozulduğunu kendisine dahi itiraf edememişti. Çünkü babalar böyleydi.

"Baban böyle bir adam, onu böyle kabul et; itirazı, mücadeleyi bırak Altan."

Şimdi bankta yan yana oturuyorlarken, zaman ne kadar hızlı geçerse geçsin, geçmiş yavaşlığından bir şey kaybetmiyordu. Saat kaç olmuştu acaba? Koca bir geçmiş nasıl şimdiye, bankta anlatılabilecek yarım saate sığacaktı? Hem gerek yoktu ki hepsini anlatmaya.

Kürtçede yirmi üç ünsüz, sekiz ünlü, toplamda otuz bir ses olduğunu; aile içinde Türkçeden başka bir dilleri daha olduğunu ve bu dili kullanmayacak olsa bile sadece bilmesi için oğluna günlerce anlattığını; bunu anlatmanın çok zor olduğunu; babası sebebiyle Şafii mezhebinden olduklarını, Altan'ı da bu mezhebe dahil ettiğini; Kürtlerin tarihini okullardan değil ancak kendisinden öğrenebileceğini; Kürtlerin tarihte Zerdüşt inancından Müslümanlığa geçtiklerini; ailelerinde arazi konusunda birçok anlaşmazlık yaşandığını; bu anlaşmazlıklardan nemalananlar olduğunu ve kendilerinin de zarar görüp para kaybettiklerini; sessizce, kimse duymadan, Altan beş yaşına gelene kadar geceleri kulağına Kürtçe "kurê min" (oğlum) dediğini; birçok insana borçlandığı zamanları; tüm borçları ailesini geçindirmek için yaptığını; Kürt olduğunu İnci Hanım'a çok geç söylemiş olduğunu; İnci Hanım'ı başka bir kadınla (Sevda) aldattığı zamanlarda ona heyecan veren yaldızlı geceleri; Sevda'ya, "Yakında boşanacağız, merak etme," ve "Karım olmanı istiyorum Sevda," deyişlerini; Sevda'nın gizli numaralardan İnci Hanım'ı aradığını, İnci Hanım'ın Sevda'ya, "Kaltak orospu, rahat bırak ailemi," diyerek kalp çarpıntıları eşliğinde telefonda kavga edişini ve Sevda'nın kavga etmelerinden iki saat sonra, "Seninki yine benimle," diye mesajlar attığını; parası kalmayınca Sevda'nın siktiri çektiğini ve, "Artık eskisi gibi hissetmiyorum," diyerek kendisinden ayrıldığını; Sevda'nın evinden aile evine döndüğünde oğlunun gözleri önünde, İnci'nin gazete kuponlarından biriktirip aldığı gri tabaktaki ucuz kutu dondurma yenememesinin hüznüyle erirken karısıyla dışarıda çok vakit geçirmesi hakkında başlayan yüksek sesli kavgalarını; yüksek ses yüzünden odanın sallanan güçsüz camlarını; bu kavganın ortasında İnci'yi kendisini tuvalete kilitleyecek kadar sıkıştırdığını ve korkuttuğunu; Altan'ın, o sırada annesine bir şey yapmaması için kendisine yakarışla yalvardığını; onu, "Çekil git lan şuradan," diyerek hırpaladığını; İnci yarım saat sonra tuvaletten çıktığında kapıda beklediği için parmağındaki alyansla karısının yüzünü çizdiğini; İnci'nin yüzündeki kanama henüz durmamışken onu gece boyunca rutubetli evin zifiri karanlığında, arkadan sarılarak ilk önce yavaş, sonra sertçe ve zorla içinde çemberler çizerek becerdiğini; pantolonunun üzerindeki siyah kalın kemerinin İnci'ye bir değip bir uzaklaşarak bedeninde çizdiği hareketi onun hafızasına kazıdığını; karısının gözlerinden akan yaşları görmeyip, onu becerirken birdenbire içine boşalıp ardından karısına hiçbir şey olmamış gibi, "Yarın kahvaltıda sucuk kızart, var mı sucuk evde?" dediğini; okuldan dönmeyeceğini zannettiği İnci'ye, Altan iki yaşındayken ve yan odada uyurken bir başka kadınla yakalanmasını; daha sonrasında Altan on sekiz yaşındayken, arabada bir başka yeni sevgilisi aradığında oğlunun bu durumu anlamış olduğunu, sonra bunu annesine üstü kapalı söylemeye çalıştığında salondan koşarak gelip, "Yalancı piç seni, orospunun evladı, siktir git lan odana," diyerek oğlunu tokatladığını; aslında Altan'ın doğruyu söylediğini; doğrunun kendisi için genelde kaçınılacak bir şey olduğunu; oğlunu ilk doğduğunda çok ama çok çirkin bulduğunu ve ona bakmak istemediğini hatta sonradan sevebildiğini; İnci'yi Altan'dan daha çok seviyor olduğunu; bazen de karısını hiç sevmediğini hatta kimi zaman boğazlayacak kadar ondan nefret ettiğini; Altan'ın akademisyen olmasından, annesine benzemesinden rahatsızlık duyduğunu, onun yerine pilot, avukat ya da doktor olmasını istediğini; bir keresinde oğlu on yedi yaşındayken, kendisinden para istiyor diye bıkkınlıkla, "Şımarık piç, git çalış kazan, isteme benden para mara, yok para," diye bağırmış olduğunu; dahası bundan rahatsızlık duymayıp çocuğuyla böyle konuşmayı doğru bulduğunu; Altan'ı ilkokula götürürken, onu okul önlüğüyle ilk gördüğünde kendi babasının onu hiç böyle göremediğini düşünerek gözlerinin dolduğunu; ara ara herhangi bir spor dalıyla uğraşmadığı için kendi oğlundan irite olduğunu ve beraberinde tiksinti duyduğunu; oğlunu tam istediği evlat gibi görmediğinden zaman zaman ona tokat atmak istediğini; onu sürekli eksik bulduğunu; baba olmaktan bazen nefret ettiğini; sorumluluklardan çokça boğulduğunu; kimi zaman şehri terk edip onu kimsenin bulamayacağı bir yere gitmek istediğini ama arazi davaları yüzünden gidecek hiçbir yeri olmadığını ve İnci yerine başka bir kadınla yaşamak istediğini anlatmaya lüzum yoktu. Hem de hiç!

"Sana hep çok iyi bir baba oldum," dedi Sait, oğluna dönüp elindeki sigarayı ayağının altında ezerken. "Aramız da hep iyi olmuştur seninle. Çocukluğun falan. Bizi çok uğraştırmadın, usluydun."

Altan babasının ona dair ilk cümlelerini dinlerken, "iyi bir baba" olmanın neye benzediğini düşündü. Bu yüzden dayanamayıp hiç çekinmeden sordu.

"İyi baba olmak ne demektir, neye benzer? Sen nasıl iyi bir baba oldun bana?"

Böyle bir soru beklemediği için afalladı Sait.

"Güzel soru sordun. İyi baba olmak..."

Bekledi.

...

...

...

Derin bir nefes aldı. Nefes alıp verince gri montunun içindeki göbeği bir yukarı bir aşağı sallandı.

"Nasıl anlatsam sana şimdi... Böyle uzun uzun anlatmayı da sevmem ben ama... İşte ben bir kere hep evdeydim, yanı başınızdaydım yani. Bunu bilesin. Çocuklar için evde bir baba

51

görmek çok mühimdir. Sen hep evde iyi bir baba gördün, yani evde olan. Anlıyor musun? Ayrıca senin tüm ihtiyaçlarını karşıladım. Yokken var ettim. Elimdekileri hep annenle sana getirdim, paylaştım. Tabii elimden geldiği kadar."

Sait böyle diyordu, bunu da büyük bir gururla anlatıyordu ama oğlunun o evde başka bir babaya tanıklık ettiğini yok sayıyordu. Zaten bunu anlatmaya lüzum yoktu Sait'e göre. Hiç lüzum yoktu. Geçip gitmişti bunların hepsi. Altan da hafızasını kaybedince tamamen geçmişte kalmıştı.

"İyi baba olmak budur işte. Evde çocuklarının başında ol. Evin direği ol. Karına, çocuklarına göz kulak ol. Yok mu bizim komşu, sen şimdi onu da hatırlamıyorsun tabii. Adı neydi? Bende de yaşlılıktan akıl gitti vallahi. Heh. Nedret Amca'n. Benim yaşlarımdadır o da. Yoksa bir yaş büyük müydü o benden? Neyse. O var ya, o az çektirmedi oğluna. Oğlu onu görmeden büyüdü ya, vallahi hiç göremedi babasını. Kumarbazın teki zaten, aptal adam, haysiyetsiz. Boku bokuna kaybetti tüm parasını, bir sürü dairesini. Tek kaybettiği de parası değil ki. Oğlu, ilişkileri, dostlukları, ailesi... Gül gibi de karısı vardı, Elif Hanım. Asil kadındır o. Oğlu hep ama hep özlerdi babasını. Söylerdi bize, babam da babam. Nedret eve nadiren gelirdi. Görürdük apartmanın içinde, geldiğinde mutlaka belli ederdi kendisini. Merdiveni çıkarkenki ayak sürtüşlerini duyardık. Gerçi oğlu hâlâ sever babasını. Babası tabii, sevmek zorunda, sevmeyip ne yapacak? İnsan babasını seçemez ki. Ama demek istediğim, ben onun gibi olmadım, hep yanında durdum, sizlerin yanında oldum. Yani, iyi baba oldum."

Doğruydu, insan babasını seçemezdi, seçemediği için tüm hayatı boyunca ona katlanırdı. Seçemeyişin lanetiydi bu.

Altan babasını dinlerken "iyi baba" olmanın hane içinde var olmakla ilişkili olduğunu anladı, yani mekânda var olmak iyi baba olmakla bağlantılıydı. İyi baba olmak, mutlaka ama mutlaka evin içinde olmaktı, gerekirse sadece, öylece, yaşlı bir ağaç gibi durmak ve anneyle çocukların bakımını üstlenmek. Gerekirse başka hiçbir şey yapmasın; bir vazo gibi, bir halı gibi, köşedeki bir askılık gibi öylece dursun. Ama yeter ki evde dursun! Ve iyi baba olmak için mutlaka kötü babaya da ihtiyaç vardı. Yani komşu Nedret'in tam tersi olabilmekti iyi baba olmak.

"Bu akşam da maç var. Önemli bir maç. Ben de seni futbol maçlarına götürürdüm, çok sevdiğin için. Orada binlerce insanla beraber bağırırdık, 'İbne hakem!' diye. Sonra milli maçlarda falan, 'Avrupa Avrupa duy sesimizi, işte bu Cimbom'un ayak sesleri!' diye de bağırırdık. Ne günlerdi be, ne günlerdi hakikaten..."

"İbne ne demek?" dedi Altan. "Niye öyle bağırırdık?"

"İbne işte. Top. Karı gibi şeyler yapan."

"Hakeme neden ibne diyorduk?"

"Biz Galatasaraylıydık da ondan. Hakem yenmek istediğimiz karşı takımın lehine karar verince bağırıyorduk. Onlar karşı takımdı, onun için. Futbolda mutlaka karşı takım olur ve onu yenmek gerekir. Yenmek için de diğer takımı zayıf hale getirmek. Dünya böyle döner, karşıt olduğun şeyleri kötüleştirerek, karınca gibi ezebilecek bir şeye dönüştürerek, şeytanlaştırarak."

"Onları kötülemek için bağırıyorduk yani?"

"Aynen. İbne olmak kötü bir şeydir. Allah muhafaza. Hakeme de öyle diyerek eğleniyorduk işte."

"Peki ben çok mu seviyordum böyle bağırmayı?"

"Hem de ne sevmek... Küçükken hep beni de maçlara götür, derdin. Her zaman para bulamıyordum götürmeye ama ara ara gidiyorduk işte. Kimi zaman da bedava bilet buluyordum birilerinden. Öyle gidiyorduk."

"Anladım," dedi Altan. "İbne hakem," diye bağırmış olması ona ilginç gelmişti.

"Akademisyen olunca beni çok mutlu ettin. Seni öyle görmek güzeldi," dedi Sait. Tabii asıl düşüncesi değildi bu. Sonra devam etti.

"Öyle geçip gidiyor işte zaman. Öyleydi, böyleydi diye diye bugüne geldik. Şimdi bize senin evliliğini görmek kaldı. Kaç yaşına geldin. Bu son yaşadıkların da hiç kolay değil; Allah neden böyle bir şeyi bize yaşattı bilmem ama artık evlensen iyi olur. Meryem'le bundan sonra nasıl olursunuz tabii onu da bilmem. Belki işler senin tarafından zor olabilir. Gerçi bizler için de zor. Yani Meryem için de zor. Meryem'le birlikte geçen zamanlarını tekrar hatırlaman gerekebilir. Ama zor bile olsa aşk, aşktır. Belki onu görünce tekrar hatırlarsın ve her şey yoluna girer. Görmedin değil mi Meryem'i hâlâ?"

"Görmedim daha."

"Görünce neler olacak merak ediyorum. Sen bu hafızanı kaybetme olayını da çok büyütme. Zamanla yoluna girer her şey. Aşka gelince, sonuçta aşk; hafızanı kaybetsen bile, orada bir yerlerde duruyor olmalı. Yani aşkın önemi, duygunun sendeki yeri. Her şeyi unutsa bile, insan aşksız yapamaz oğlum. Aşk önemlidir, senin için de önemli olmalı."

Aşkın önemli olduğunu öğreniyordu şimdi.

Ve Meryem'le bir kez daha tanışması gerektiğini.

4

Televizyondaki zam haberleri karşısında korkunun merkezinde hissederek, ülkenin gidişatı hakkında endişelenip duruyorlardı. Ülke sadece ekonomik kriz yaşamıyordu halbuki. Yaşanan ekonomik kriz her yere dağılıyor; tüm alanları parçalıyor, darmaduman ediyordu. Hayallerin alanlarını. Geleceğin alanlarını. Cinselliğin alanlarını. Aşkın alanlarını. Sohbetlerin, diyalogların alanlarını. Gerçeğin alanlarını...

Gerçi İnci Hanım kendisini bildi bileli bu ülke hakkında endişelenip duruyordu. Bu ülke onu sürekli bir endişenin içine kelepçelemiş gibiydi; üstüne zincirlenmişti endişe, artık toprağa yapışmış olan ölüler gibi. Üniversite öğrencileri için, yoksullar için, kadınlar için, muhalifler için, hem ülkeden gidenler hem de kalanlar için endişeleniyordu. Hepsi hakkında dağıla dağıla, her biri için sanki kendisini böle böle endişeleniyordu. Ama garip bir şekilde, bu endişe sanki onu başkalarına da bağlıyordu. Yeniköy'deki kasabına, yan komşusuna, bazı arkadaşlarına... İçinde herkes için endişelenecek kadar yer vardı ve özellikle bu yüzden kendisi gibi endişeli insanlarla dostluk kuruyordu. Yan komşusu Serpil ve okuldan öğretmen arkadaşı Ferda da aynı İnci gibiydi; sürekli endişelerinden bahsediyorlardı. *Bu insanlar faturalarını nasıl ödeyecek? Gençleri bu ülkede nasıl bir gelecek bekliyor? Ev almak artık hayal oldu! Kıymanın kilosu kaç para olmuş duydunuz mu? Yok anacım artık sinemaya gitmek bile lüks memlekette. Nerdeeee artık tatile gitmek, çok zor artık çok.* Seviyorlardı bu konuları konuşmayı, aynı endişe havuzunda yüzmeyi.

Bazı insanlar için, kendilerinin ne kadar kötü durumda olduklarını görmekten kaçınmanın reçetesi, daha kötü olanların durumuna bakmaktı: *"İnsanlar ekmek bulamıyor, halimize şükür."* Bazen de biri hayattan başkalarının sahip olduğu bir şey istesin ve istediği gerçekleşmediği için üzülsün, hemen "daha kötüsüne bakmamakla" ve "kötüye bakıp şükretmemekle" suçlanıyordu: *"İnsanlar aç, senin üzüldüğün şeye bak."*

Bu yüzden, İnci Hanım'ın endişeleri komşularıyla olan dostluğunu kuvvetlendirmiş, onları yan yana getirmeyi sağlamıştı. Endişeli insanlar, endişeli insanları severdi; narsistik aşk. Derdin birleştirici özelliğiydi bu, büyüsüydü. Bundandır, kendisini orta halli olarak gören –kimi zaman da yoksullara yakın– İnci Hanım endişesi olmayan zenginlerden korkuyor, bunu kendisine itiraf etmese de onlarla muhatap bile olmuyor –zaten karşılaşmıyor–; herhangi bir yerde karşılaştığında da endişesiz ve duyarsız oldukları için onlardan nefret ediyordu. Bu nefretini de sürekli kültürel şeylere bağlıyor; kolay yoldan zengin olanları da, iktidar sayesinde zengin olan yeni zenginleri de kültürsüz oldukları düşüncesiyle küçük görerek, onların zenginliğini gözünde un ufak etmeye çalışıyordu. *"Şekerim bunlar dünyanın sahibi de olsa, bankalarında milyar doları da mülkleri de olsa n'oolur ki, hayır n'oolur yani, kültürsüzler bacım görmüyor musun, görgüsüzler hepsi, şunların tiplerine, zevklerine bak."* Hep krizlerle yaşayan bir ülkede olduğunu düşünse de bugün olanlar ona daha bir farklı, daha bir acayip geliyordu. Tıpkı oğlunun da daha bir farklı, daha bir acayip durumda olması gibi. Komşusu Serpil'e, "Yok böylesini görmedik Serpil'im. Ne 1994, ne 2001 krizi, gördük mü? Yok," deyip duruyordu.

Son yıllarda televizyonda her haber zam hakkındaydı. Komşuları geldiğinde onlara arkadan eşlik eden, arada onların ilgisini çeken ve muhabbetlerine mevzubahis ettikleri başlıklarla katılan haber spikerleri sürekli zamlardan bahsediyordu. Başka haber yoktu neredeyse. Herkes ekonomi konuşuyordu. Bir litrelik sütün fiyatı şu kadar oldu, dolar yeni rekorunu kırdı, altının seyri ne olur, artık kemik şeklinde et satılıyor, yabancı yatırımcı ülkeye güven duymuyor, asgari ücretle geçinenler ekmeğin bayatını almak zorunda kalıyor, online eğitimde milyonlarca insan tablet alamıyor, insanlar kendilerini dükkânlarında halatla asıp öldürüyor, kadın cinayetleri artıyor, elektrik faturalarını vatandaş ödeyemiyor, işyerleri bir bir kapanıyor...

Herkes sessizlikte birleşip, tüm olanları sessizliğin kenarından izliyordu. Ve hem izleyenler hem izlenenler beraber boğuluyorlardı. Haberler böyle ilerledikçe Sait Bey ile İnci Hanım arasındaki diyaloglar da bazen bu minvalde gelişiyordu. "Bugün kaç para harcadım biliyor musun? Hem de sadece kahvaltılık aldım, başka bir şey yok torbamda! Yüz doksan lira."

"Muzun kilosu kaç lira olmuş duydun mu? Allah herkesin yardımcısı olsun." Ve bu dileğin ardına her seferinde sessizce eklenen aynı cümle: "Bizim de."

"Bu kış için kazak alayım bir tane dedim, nasıl alayım, almam lazım ama alamayacağım, eskileri kat kat giyerim. Yapacak bir şey yok."

"İyi ki almışım bu telefonu geçen sene taksitle. Şimdi fiyatı kaç olmuş, vallahi şimdi alamazdım. Ne aldıysan kârdasın artık. Böyle bir ülke." Konusu sürekli değişen, isyanı ise hiç değişmeyen bu cümlelerle ekonomik sıkıntılar, gündelik hayattaki konuları da geride bırakıyordu bazen. Günlük konular hakkındaki sohbetler arasında seçilen kelimelerde yer değişikliği oluyordu; böylece ülkenin gidişatı, sohbetlerin gidişatını da doğrudan, hızlıca belirliyordu. Herkesin endişesi diğerininkiyle iç içe geçiyordu ve ne gariptir ki herkes özgürce birbiriyle konuştuğunu zannederken aslında konuşulan konuları bile iktidarlar belirliyordu. İnsanlar en özgür olduklarını zannettikleri mahremlerinde bile özgür değillerdi. Kapıyı dışarı kapatmak, dışarının içeriye girmesine engel olamıyordu. Zaman zaman Altan'ı da geride bırakıyordu ekonomik sıkıntılar. Oğulları bile bu ülkenin sıkıntıları karşısında silikleşebiliyordu bazen.

Ama o kış gecesi, salonda gece haberlerinin karşısında otururken birdenbire, "Senin de işine geldi tabii bu durum," dedi İnci Hanım. Oğullarının durumunu, oğullarıyla konuştuktan sonra ilk kez baş başa konuşuyorlardı. Çünkü daha öncesinde ikisi de hafızasını kaybetmiş biriyle konuşmanın kendilerine neler hissettireceğini bilmiyorlardı.

"Ne işime geldi hanım?" diye sordu Sait Bey, televizyonun kumandasına uzanıp sesini biraz kıstı.

"E bütün bu olanlar. Altan'dan bahsediyorum."

"Neden işime gelecekmiş benim?"

"Fark etmiyor musun sen de? Oğluna muhtemelen sadece anlatmak istediğin kadarını anlatıyorsun her şeyin. Yalan mı?" dedi, yüzünde hem tedirgin hem de öfkeli bir ifadeyle.

Aslında İnci Hanım'ın tek yaptığı, Sait Bey'e zarf atıp onun, oğluyla ne paylaştığını öğrenmekti. Bu konuyu birdenbire açacak cesareti kendisinde bulmuştu çünkü, "Umarım farklı şeyler anlatmıyoruzdur," diye düşünmüştü öğlen vakti, hem patatesleri hem de endişelerini dilim dilim doğrarken.

"Neyi Altan'a anlatmamışım da bana böyle diyorsun?"

"Tahmin ediyorum sadece."

"..."

"Sonuçta geçmişte yaşadıklarımızın hepsini anlatsaydık çocuk şimdi dumura uğrardı. Senin de yüzüne tükürürdü. Belki çekip gitmek bile isterdi bu evden, ne bileyim. Doğru söyle bana, her şeyi ona anlattın mı?"

İnci Hanım konuşurken Sait Bey duyduklarından rahatsız oluyordu. O anlarda tekrar babalıktan da eş olmaktan da nefret ettiğini hatırlıyordu. Eş olmasaydı, baba olmasaydı, yaptıklarının böylesine yüzüne vurulacağı bir durumda da olmayacaktı. O zaman nasıl bir hayatı olurdu, kim olurdu acaba? Keşke şu evin kapısı açılsa birden, dışarıda bir hayat onu beklese, tutsa elinden; o zaman hiç düşünmeden giderdi. Umurunda bile olmazdı geriye kalanlar; bu ülke, bu aile. Suçlandığı yerde kalmak zorunda olmasından başka yapacak bir şeyi yoktu. Bundan nefret ediyordu Sait Bey ama ilginç şekilde yine de kalıyordu. Sadece parasızlık mı insanı "çaresiz" kılardı? Yoksa çaresiz insanların hepsi parasız olduklarına kendilerini inandırdıktan sonra bu nedene sıkı sıkı tutunup sığınmak mı isterdi? Belki çaresizliği de sever, çaresiz olmaya da tutkuyla bağlanırdı insan; böylece bazı şeyleri başkalarına yaptırır, onlara diz bile çöktürürdü. Sonuçta çaresizlerin yapacak bir şeyleri yoktu. Onların hep başkalarına "yaptıracak" şeyleri olurdu. Kimi çaresizler aslında çaresiz değil, sadece kurnazdı. Başkaları onlara yardım etmek zorundaydı işte. Köle gibi duranların, kimi zaman gizli yollarla efendi olmaları bu sebeptendi. Bu yüzden kimse zannettiği yerde değildi. Kimi zaman kendisini tepede zanneden yerin dibinde, yerin dibinde zanneden de en tepedeydi.

Yıllardır içinde taşıdıklarını tekrar dile getirebilmesi için kendisine bir alan açtığını düşündüğü Altan'a minnet duyuyordu İnci Hanım. Sait Bey'e bakarak anlatmaya devam etti.

"Zor şeyler yaşattın ikimize de. Hele eskiden, o Altan'ın çocukluk zamanlarında... Hatırlamıyor musun? Eve gelen icralar, avukatlar, polisler; beni aldattığın o şırfıntılar, eve gelmediğin günler, aylar. Yaşattığın yoksulluk. Unuttum sanma, sakın ha. Oğlun unuttu. Hatta iyi ki de unuttu, diyorum bazen onun için. Sana olan öfkesini de unuttu çünkü. Ama ben unutmadım. Hem de hiçbirini. Her gün hatırlıyorum. Yolda, kaldırımda yürürken, otobüste inmek için düğmeye basarken, Altan'a tekrar Altan'ı anlatırken ve o her şeyi unuttuğu için onu içimde köpüre köpüre kıskanırken."

Son cümlesini söylerken, son kelimelerini fısıltıyla söylemeye çalıştı; o sırada korkuyla ayağa kalkıp holün oradan baktı. Altan'ın odasının kapısının ne kadar aralık durduğunu göz ucuyla anlamaya çalıştı. Tamamen kapalıydı buzlu camlı, gri kapı. Sonra tekrar Sait Bey'e dönüp, "Sakın unuttum sanma yani, yıllardır bazı şeyleri konuşmuyoruz diye sakın unuttum sanma," dedi. "Unutmadım," derken, aslında, "Öfkem hâlâ burada, yanı başımda, benimle, taptaze," demek istiyordu. İnsan neyi unutamazdı ki? Unutulmayan daha çok öfkeydi, kızgınlıktı, hınçtı. Unutulmayan hem başkasıydı hem de insanın kendisiydi.

İnci Hanım, kapısı açık mı diye salonun köşesinden içeri baktıktan sonra köşesine geçti. Her gün oturduğu koltuğa kuruldu. Altan geçmişini unuttuğu için o da her şeyi unutacakmış gibi bir korku vardı içinde. Bu yüzden, zihninde gömüldükleri yerlerden ayaklanıyordu anılar, özellikle son zamanlarda, yani Altan her şeyi unuttuğundan beri...

Bazı insanlar sevdiklerini bile aslında sevmiyorlardı. Sevdiklerine dair tek hoşlarına giden şey; sevdiklerinin, onların öfkelerinin nesneleri olmalarıydı. Öfkelenmeleri için orada duruyor, bekliyor olmalarıydı. İnci Hanım için de Sait Bey aynen böyleydi. Bazıları için, sevmekten geriye kalan tek şey öfkeydi; sınırsız, hiç dinmeyen bir öfke. Öfkeyi oturtacak bir koltuk, insana bazen güç bile verirdi çünkü öfke insana hep haklı olduğunu hatırlatırdı.

Yıllar sonra gelen itiraflarla, gecesinin içine edildiğini düşünen Sait Bey, "Unutmazsan unutma, ne yapayım be anasını sattığımın karısı... Sıçtırtma ağzına şimdi. Bak ağzımı da bozduruyorsun, gece gece adamı sinirlendiriyorsun," dedi. Sait Bey yaşattıklarını biliyordu ama yaşattıklarını tekrar tekrar hatırlamayı istemiyordu. Cümlesinin bittiğini ama söyleyeceklerinin bitmediğini fark edince, "Bak İnci, ben çoğu şeyi konuştum Altan'la. Her şeyi tabii ki anlatmayacağım ona, ne gerek var? Niye bilsin? Bilip ne yapacak bu saatten sonra?" dedi. Sait Bey'in tek yapabildiği umursamıyormuş gibi davranmaktı. Belki böyle davrandıkça bir süre sonra gerçekten umursamayacaktı.

"Şu sözlere bak. Bu mu diyeceklerin Sait?" diye sordu İnci Hanım, bu sefer gözleri dolarak. "Yıllar geçmiş, hâlâ aynı şeyleri söylüyorsun. İnsan biraz utanır da kendini affettirmeye çalışır. Nerde sende öyle karakter, nerde o yürek, nerde o adamlık."

Bu sözleri söyledikten sonra, Sait Bey'in oğluna her şeyi anlatmadığına sevindi. Gözlerinin dolması ise başka sebeptendi. Sevindi çünkü oğluna karşı yan yana olduklarını, aynı cephede yer aldıklarını anladı. Yüzünde ılık bir esinti oldu. İkisi de, kendilerine yetecek kadarını anlatıyordu; bu yüzden gerçekten çok bir hayali anlatıyorlardı oğullarına. Acısız, rahat, mutlu bir çocukluk ve sorunsuz devam etmiş bir hayat. Seçilerek, cımbızla çekilip alınarak anlatılmış kusursuz bir kişisel tarih. Tıpkı ülkelerin kusursuz tarihleri gibi... Kim istemezdi geçmişinde sadece bunları görmeyi?

"Böyle konuşup durma artık. Yeter!" dedi Sait Bey, ılımlı halini korumak istemesine rağmen. "Geçmiş affettirilmez İnci Hanım." Ne zaman ciddi bir konuşma yapacak olsa İnci yerine İnci Hanım, derdi. "Ben istediğim kadar uğraşayım. Geçmişimiz oradadır, kendi köşesinde öylece durur, o bizizdir, sadece ben de değil, ben ve sen, ikimizdir," dedi.

O sırada İnci Hanım ayaklarını kıvırdı, bir bacağını diğer bacağının altına alarak koltuğunda rahat bir pozisyon aldı ve dinlemeye devam etti.

"Özür diledim senden zaten, yıllar içinde defalarca, dilemedim mi? Ama faydası olmayacağını biliyordum. O günlerde de biliyordum. Şimdi benden seneler sonra özür mözür bekleme. Özrü de o zamanlarda sen bekledin diye dilemiştim zaten, bunu bil. Özrün herhangi bir faydası olsa herkes için her şey daha kolay olurdu. Bunu sen de biliyorsun, adın gibi hem de. Biliyorsun ki bağışlamak isteyen bağışlar."

İnci Hanım gibi Sait Bey de bir katarsis yaşıyordu.

"Ama bak İnci, bil ki sen beni bağışlamamaktan hoşlanıyorsun. Beni bağışlamıyor olmak iyi geliyor sana. Bunca yıl hâlâ aynı yerdeysen bil ki bu artık, 'Sana eziyet etmekten hoşlanıyorum,' demektir bana, başka bir şey demek değil. Ama daha da önemlisi, kendine de eziyetin bu. Beni bağışlamadan önce kendini bağışla çünkü kendini de bağışlayamıyorsun sen."

İnci Hanım, Sait Bey'in karşısında yüzünü ekşitti, sıkıntılı bir ifade takındı.

"Boş laflar boş," dedi İnci Hanım. Oysa bu cümleleri bir romanda okusa hoşuna gider, altını hemen etrafında bulacağı bir kalemle çizerdi. Ama İnci Hanım için haklı olmaktan bir an olsun bile vazgeçmek demek, yenilgi demekti. İnsan, en çok kendi haklılık haline saplantılıydı. Bu yüzden, geçmiş onun üzüldüğü bir yer olduğu kadar, aynı zamanda her zaman "haklı" olduğu yerdi. Kendini ne zaman haklı hissetmek istese geçmişe uğruyordu. Haklılıklar diyarı. Haklılığın kazandırdığı sevaplarla girilen bir cennet.

Oysa Sait Bey içinden geçenleri, gerçekten de hakkaniyetle söylüyordu.

"Özür dilemekle bitmiyor. Dediğin doğru, geçmiş orada, değişmiyor. Ama unutmak ne mümkün olanları... Az mı çektirdin be bana! Az mı çektirdin..." dedi İnci Hanım ve lafına devam etmek için oturduğu yerde tekrar doğruldu, kaşlarını yukarı kaldırarak, öğrencilerine konuşur gibi konuşmaya devam etti.

"Bağışlamaya da gelince, senden öğrenecek değilim. Ne bu süslü laflar? Nereden öğrendin? Yok kendini bağışla bilmem ne, geçiniz bu süslü lafları Sait Bey, geçiniz."

Masanın üzerinde duran fotoğrafları da –gelinliğiyle İnci Hanım ve damatlığıyla Sait Bey, dümdüz bir bakışla, siyah beyaz– onların bu konuşmalarını izliyor gibiydi o sıra, geçmişin içinden, bugünleri göreceğinden habersiz. Sait'in yüzü, duydukları karşısında İnci'ninki gibi birden ekşidi.

"Sana ne anlatıyorum ki... Senin anlayacağın yok. Ne yaparsan yap. Hadi ben yatıyorum, Allah rahatlık versin," dedi sıkıntıyla, koltuğundan yavaşça doğruldu.

Ayağa kalktığında, "Tabii tabii. Hadi yat bence de sen," dedi İnci Hanım.

Salondan çıkmaya yakın arkası dönük Sait Bey, "Zaten sen duyman gerekeni duydun, istediğin cevabını da aldın. Korkma, Altan'a geçmişi uzun uzun anlattığım falan yok. Ona senin bana şu an yaptığını yapmayacağım," dedi. Sonra tüm vücuduyla tekrar doğrudan İnci Hanım'a doğru dönerek konuşmaya devam etti.

"Ara ara ağlıyorsun ediyorsun Altan için ama ağlayacaksan asıl biz hatırlayanlara ağla; asıl bize, sana, bana yazık. Unuttum zannettiğinde bile yıllarca büsbütün hatırla-yanlara, özür dileyenleri bile bağışlayamayanlara ağla; insan olmanın tuhaflığına, zorluğuna ağla."

O gece Sait Bey uyumak için yatağa geçtiğinde İnci Ha-nım sabaha kadar salonda oturdu, en sonunda da orada tek başına uyuyakaldı. Gecenin sonunda biri geçmişindeki "haklı" konumundan vazgeçmek istemedi, diğeri de "umur-samaz" konumundan. İkisinin geçmişi birbiriyle çarpışsa da, farklı doğrultularda gecenin içinde savruldular.

Ve sonunda ikisi de uykularında tekrar tekrar yaralanıp durdular.

5

"Non enim amas in illo quod est; sed quod vis ut sit."
"Öteki'nde olduğu şeyi değil, olmasını istediğin şeyi
seviyorsun."

Augustinus

Sadece buluştukları günlerde ona güzel görünmek için sürdüğü kırmızı rujun kokusunu kendisine sevdiren o adama doğru yürüyordu Meryem. "Sevgilim," dediği adamın karşıdan bir yabancı gibi yaklaştığını görünce afalladı. Ne garipti birini tanımak ve aynı anda hiç tanıyamamak... Yaşam sürüp giderken çoğu insan bunu unutuyordu ama aslında tanımak ve tanımamak birbirinden hiç uzak değildi; daima beraberlerdi, tüm ilişkilerde karşılıklı ve daima devam ediyordu. Tanımanın ve tanımamanın ayrılamaz beraberliği. Bu yalnızca Meryem'e özgü değildi yani. Şimdi sevgilisi gitmiş, yerine bir yabancı gelmişti. Hatta karşısına bir yabancı gibi oturmuştu. O anda Altan'ın karşısına oturan da sadece bir yabancıydı. Ortada tanıdık kimseler yoktu, giden bir "sevgili" de yoktu...

Altan, Meryem'e yabancı biri gibi bakıyordu. Hafif, çok hafif bir tebessümle ve Meryem'in o çok sevdiği, Altan'ın gözlerinin kenarlarındaki kırışıklığını hareket ettiren küçük bir göz dansıyla. Meryem'i vuran Altan'ın gözlerinin göz dansları... Gözlerinin durup, Meryem'i gözbebeklerinin çerçevesinin içine yerleştirmesiydi Meryem'i vuran. Görülmekti, daha önce hiç görülmemiş gibi görülmek. Meryem için zaten aşk, Altan'a vurulduğunda da böyle bir şeydi. "Yabancı"dan sevgiliye doğru adım adım ilerleyecek olan, uzunca bir tanıma süresi gerektiren, sevişmek için nişanlanma ya da tercihen –annesinin ve babasının öğrettiği gibi– evliliğin gerektiği, damla damla ilerleyen bir yeryüzü hadisesi. Meryem'in aşkı öyle hızlı hızlı, lıkır lıkır, kana kana su içmek gibi değildi mesela; yavaş yavaş, mümkünse yudum yudum, ısınmasını bekleyerek. Öyle son sürat araba kullanmak gibi de değildi kesinlikle; vitesi hiç yükseltmeden, yollardaki hız sınırını hiç aşmadan, radara yakalanmadan, belirlenen kurallara uyarak, oldukça muhafazakâr, devletçi bir aşk. Meryem zaten trafik kazalarından da çok korkuyordu bu yüzden; çünkü çok hızlı giden arabalar illa ki çarpıyordu bir yerlere. Hız sınırını geçenler de ceza alıyordu; tıpkı hızlı ilerleyen aşkların hızlandıklarında cezalarını çekmeleri gibi. Aşklar da bir kazaya kurban gidip insanlar gibi ölüyordu. Böyle düşünüyor, aralarında bağlantılar kuruyordu Meryem. Bu yüzden ilişkilerde frene bile ihtiyaç duyulmamalıydı çünkü hızlı gitmeye teşebbüs bile edilmemeliydi. *"Hızlı gitmiyorsunuz değil mi?", "Ne kadar ileri gittiniz?" diyen arkadaşları ve birbirine, "Hızlı gitmeyelim," diyen sevgililer.* Altan ile yavaş yavaş, birbirlerini tanıyarak, zamanı mümkün mertebe az ve henüz hiç sevişmemiş olarak geçirmeleri onu çok mutlu ediyordu. Zamanı yavaş yavaş içmeyi seviyordu Meryem, başkaları gibi çoğunu arzulamıyordu. Haftada bir kez görüyordu Altan'ı. Bazen de iki haftada bir. Bazen ise ayda bir. Onun için bu aralıklar idealdi. Çünkü eğer babası annesine, "Meryem nerede?" diye sorarsa, annesi zor durumda kalmak istemiyordu. Annesinin babasına yalan söylemek istememesi, Meryem'le annesini hem yan yana getiriyor hem de babasının karşısında onun isteğine göre davranmalarını sağlıyordu. Yani dayanışma içindeki iki kadından çok, babanın isteğine göre şekillenen iki ayrı kadındılar.

Bu durum, akademideki yoğunluğu yüzünden Meryem'e az zaman ayırdığını söyleyen Altan'ı da anlayışla karşılamasını sağlıyordu. "Sevgilim çok yoğun," diyordu en yakın arkadaşlarına. "Akademisyen olduğu için, biliyorsunuz, çok yoğun ve akademisyenlik hiç kolay bir şey değil." Onun akademisyenliğini de arzuluyordu Meryem. Toplumsal statüsünü, arkadaşlarının gözünde nasıl görüldüğünü, "Aa, akademisyen mi sevgilin?" denmesini, onun sürekli meşgul olmasını da arzuluyordu. Hatta bazen bu soruyu duymak için bekliyor, konuyu özellikle mesleklere getiriyordu. Böylece sevgilisi sayesinde biraz olsun o tatlı saygınlık suyundan da içebiliyordu. "Evet akademisyen, çok çalışıyor."

Arkadaşları yine laf arasında Meryem'e, cinselliği Türk dizilerindeki sevişme sahneleri gibi sansürleyerek, "Öyle şeyler olmadı değil mi daha?" diye sorduğunda Meryem, "Olmadı kızlar olmadı, Altan evlendiğimizde yapmamızı, o anın özel olmasını istiyor. Zaten biliyorsunuz, ben de öyle olsun istiyorum, kendimi o geceye saklıyorum," demişti gururla. Seviştikten sonra kadınları bırakan erkeklerden olmadığı için sevgilisiyle cinsel hayatlarını anlatıp arkadaşlarını özendirmeye hep hevesli oluyordu. Sevişmemeyi kutsayan, sevişmemeyi teşvik eden bir toplumda sevişmemek asla ayıp ya da garip değil, tam tersine bazı kadınlar için kahramanlıktı, doğruluktu, edepti; kadınlığı bilmekti. Oysa çok azı biliyordu kadınların seksle geç tanışıp, erken veda ettiğini; aynı Meryem'e olacak olan gibi...

Meryem'in cevabı karşısında iki arkadaşından biri hiç sevişmemiş olduklarını garipsemiş, sevişmeleri gerektiğini çünkü bunun doğal bir ihtiyaç olduğunu düşünmüştü. *"Ne garip bir ikili bunlar, bence kesin vajinismus olacak Meryem."* Diğeri de Altan'ın Meryem'le hâlâ sevişmemiş olmasını, Altan'ın sevgilisine "kıyamadığını" düşündüğü için büyük bir aşkın varlığına, aşkın güzelliğine, kıymetine yormuş; Meryem'e özenmişti. *"Darısı başıma inşallah, ben de böyle aşkından sevdiğine el değdiremeyen erkek istiyorum, amin."* Meryem doğal olarak ikinci arkadaşına katılıyordu ve sevişmemelerini desteklediğini gördükçe ona daha çok yaklaşıyor, onu daha çok seviyordu. Hep birlikte görmüyorlar mıydı sevişen kadınların hemen kenara atıldıklarını. Meryem sevişmeyerek kenara atılmaktan korunuyordu, *çok şükür.* Annesi, "Bana bak, kırıştırmıyorsun adamla değil mi?" diye sorduğunda, Meryem neyi nasıl kırıştıracağını, neden böyle bir kelime seçildiğini bile düşünmeden, "Asla anne! Olur mu öyle şey, nasıl soru bu? Altan bana dokunmayı evliliğe bırakmak istiyor ve ben de öyle," demişti. Annesi de hem çok sevinmişti –çünkü cinsellik ona göre evlilikle başlayan ve kadınlar için ellili yaşlara gelindiğinde biten bir şeydi– hem de Meryem'i çok şanslı bir kız olarak görmüştü. Tam Allah'tan istediği gibi, aileye layık bir damattı. Altan'ı, tıpkı damağına uygun yemekler gibi görüyordu annesi.

Altan'ın hareket etmeyen ama hareketsizliğin içinde de rahatsız edici duran donuk bakışları karşısında kendisini seçmekte zorlandı Meryem. Kim olmalıydı şimdi? Çünkü bunu hiç düşünmemişti. Onun karşısında yörüngesi belli bir Meryem vardı. Sessiz, sakin, az konuşan, konuşacak bir şey bulamadığında saçlarının uçlarıyla oynayan, bazen kafasını kaşıyan, genelde dinleyen taraf olan, çok anlatacak bir şey bulamayan –ev hayatı, televizyonda izlediği sansürlü romantik diziler ve masa başındaki iş hayatı– masum ve itaatkâr bir Meryem. Ne anlatacaktı şimdi? Farkında olmadan hep seçilen taraf olmuştu. Bilerek değildi tabii. Haberi yoktu kim olduğundan, daha çok başkalarının vasıtasıyla kendisini tanıyordu o da, çoğu gibi. Biri şimdi ona, "Uyan Meryem uyan. Çabuk kendine gel," dese anlamazdı, anlayamazdı. Çünkü kendinde olduğunu düşünüyordu. E kanlı canlı, yaşıyordu işte. Kendindeydi gayet. Uyan ne demekti? Zaten annesi karşısında iyi bir evlat, –liseyi bitirmiş, lise mezunu olmasına rağmen özel bir inşaat şirketinde satış pazarlama bölümünde kendisine bir yer edinmiş; işten eve, evden işe giden, alkole, sigaraya, kumara, uyuşturucuya hiç bulaşmamış, Kadir Gecesi gibi günlerde abdestini alıp namazını kılmış, tam da annesinin istediği gibi, kendi gibi insanlarla daha çok evde buluşarak zaman geçirmiş, haberi olmadan ev hayatına hapsedilmiş bir kız– babası karşısında babasının istediği gibi namusuna sahip çıkan bir kız, –babasının sevgilisinin bile olmadığını düşündüğü, namuslu, düzgün, oturuşuyla kalkışıyla, kapalı giyimiyle düzgün bir kız çocuğu– Altan'ın karşısında da uyumlu bir sevgiliydi –her şeye, "Tamam," diyen, hiç sorun çıkarmayan, çok görüşmek gibi gereksinimleri olmayan, gerekirse sıkıntılarını içine atan, Altan'ı alttan alan ve aslında onu çok tanımayan bir sevgili–.

Meryem öyle bir sevgiliydi ki Altan'ın hiçbir dediğine gerçekten itiraz etmezdi. Çünkü annesi ona öyle öğretmişti. "Erkeğe itaat etmek yanlış değildir kızım, bunu unutma. Zaten kadın ve erkek eşit de değildir. Biz böyle biliriz. Olmasın da eşit meşit zaten, sen bakma bu eşit diyenlere. Nasıl eşit olacak ki? Zırva hepsi. Biz erkeklerin yaptığını yapamayız. Sen itaat etmeyi her zaman bil. Sen itaat ettikçe göreceksin ki o da sana itaat edecek zaten." Meryem'in annesi de bunu kendi annesinden öğrenmişti. Anneannesi de annesine şöyle demişti: "Erkektir yapar, derler. Ama kadındır yapar, demezler. O yüzden mutlaka bu hayatta dikkat edeceksiniz, gerekirse diken üstünde yürüyeceksiniz." Meryem'in annesi de anneannesinden öğrendikleriyle kızına erkeklerle nasıl ilişkiler kurması gerektiğini öğretmişti. Bazı kadınlar, tıpkı erkekler gibiydi; onların taleplerini, istenen tüm kodlarını içselleştirmiş, doğrulamış, kuşaktan kuşağa aktarıyorlardı. Eril tahakkümün zehirlediği, zehirlendiğinden habersiz kadınlardı bunlar...

"Ha aman diyeyim kızım, sakın ha sevişme. Sevişmek evliliğe yakışır. Onun yeri orasıdır. İlk gece. Boşuna mı böyle geleneklerimiz var bizim? Gelenekler önemlidir, kıymetlidir. Atalarımız bir şey bilmiş de belirlemiş. Gelinliğin beyazlığı bile bu yüzdendir zaten. Masumsundur yani, anladın? Evlilik de bu yüzden, artık sevişilebileceği için önem kazanır. Hem sen niye bugün herkes boşanıyor sanıyorsun? Hepsi evlenmeden önce sevişiyorlar da ondan. De mi?" demiş ve eklemişti annesi: "Altan doğru kişi çünkü bu kuralı senden önce biliyor. Yoksa kendisine sevişecek birçok kadın bulur. Ama biliyor sevişilirse yürümeyeceğini, bozulacağını. Aynı babanla ben gibi olacaksınız inşallah. Tabii Allah nasip kısmet ederse."

Altan'la Emirgân'daki bir çay bahçesinde buluştuklarında Meryem oraya onunla daha önce kaç kez geldiklerini hatırlamaya çalıştı. Şöyle bir etrafına bakarak düşündü; herhalde daha öncesinde otuz kez gelmişlerdi. Çünkü Altan onu hep buraya getirir, yemek ısmarlar, biraz muhabbet eder ve sonra da hızlıca giderdi. Altan'ın, ilişkilerini bu tekdüzelikte devam ettirmesine alışmıştı Meryem, hatta bunu çok seviyordu. Çünkü kurallar ve tekdüzelik ona işlerin yolunda gittiğini hissettiriyor, ilişkilerini muhafaza edip koruduğunu düşündürüyordu. Annesi de bu durumu onaylıyordu. "Her dakika dip dibe olmaz kızım, olmamalı yani. Adamın işi gücü var. O yakınlık ancak evlilikte olur. Adam işten eve gelir, o zaman daha bir yakınlaşırsınız. Şimdi siz böyle görüşürken gayet iyisiniz. Gayet makbul. Fazla yakınlık sonra. Daha sonra. Evlilikte anca. Hem o zaman hiçbir şey günah olmayacak."

Altan yaklaştığında, onu yanağından öpmek istedi ve uzandı. Ancak Altan kendisini refleksle geri çekip, "Oturayım," dedi. Meryem, Altan'ın bu tavrına ağlayacak gibi olsa da dudaklarını sıkı sıkı kenetleyerek –ağlamamak, ağladığını göstermemek, olur da ağlarsa ve görülürse bunu geceleri defalarca düşünmemek için– yerine oturdu. Garson ayakta bir duvara yaslanarak beklediği için, oturdukları anda ikisine de menüyü uzattıktan sonra ne istediklerini sordu. "Sade kahve?" diye Altan'a baktı Meryem, hiç menüye dokunmadan. Sesi biraz titreyerek çıktı çünkü Altan'ı öpemediği ve üzüntüsünü içindeki bir odaya sıkı sıkı kilitlemeye çalıştığı için hâlâ sancılıydı. "Olur," diyerek garsona baktı Altan ve garson kafasıyla onaylayarak çekildi. Meryem o anda solunda duran yola doğru baktı, belki yola bakmak onu bu sancıdan kurtarır, diye düşündü. Çocukluğundan beri böyle yapardı, eğer canı sıkkınsa, iyi hissetmiyorsa ve dışarıdaysa plakaları sayardı tek tek. Önünden geçen arabaların plakalarını tek tek okuyordu şimdi. 07 plaka nerenindi acaba? Antalya. 34 PL 4545, 34 AR 988, 34 E 6799, 34 SEC 566... 56 plaka. Neresiydi? Siirt.

"Nasılsın?" dedi Altan, tok ve düz bir ses tonuyla.

Meryem başını hızlıca çevirdi.

"İyiyim, sen nasılsın?"

"İyiyim ben de. Hayat nasıl?"

"İyi. Yani iyi diyelim iyi olsun."

Sessizlik oldu. En başa dönmüşlerdi sanki. Ama en başı bile, bugünkünden farklıydı. Bir insanla tekrar tanışıyor olmak diye bir şey gerçekten vardı demek ki, rüyada görse inanmazdı.

"Ne kadar zamandır tanışıyoruz?" diye sordu Altan. Bu soru Meryem'in canını tekrar acıttı. Karşısındaki kişinin, ilişkilerine dair tüm geçmişi unutması, sadece yüreğini delip geçmiyordu; aynı zamanda dünyaya bakışını da bulanıklaştırıyordu. Altan'ın annesi oğlunun durumundan bahsetmiş olsa bile, o bir umutla –gece Allah'a dua ederek– Altan'ın her şeyi unutmadığını, karşı karşıya geldiklerinde bir şeyleri hatırlayacağını düşünmüştü. Kabul olması bir yana, Allah dualarını hiç duymamıştı demek. Yan masalarındaki adamın dünyası aynı şekilde akmaya devam ederken Meryem'in dünyasının birdenbire komple değişmesi ne garipti... Adamın dünyasını, dizginleyemediği gaddar bir duyguyla kıskandı. Önce o adamdan nefret etti, sonra da böyle düşündüğü için kendinden. Kendi dünyasından, kaybolup gitmek istedi. Altan bunu ne güzel başarmıştı. Gitmişti de, nereye gitmişti?

"İki sene olacak," diye cevapladı Meryem.

Türk kahveleri geldi o anda. Meryem kahvenin yanındaki güllü, kırmızı renkli lokumu hızlıca ağzına attı, içindeki hüznü hafifletsin diye.

"Annem birlikte olduğumuzu söyledi," dedi Altan. "Biliyorsun sanırım, ben hiçbir şey hatırlamıyorum."

"Biliyorum," dedi, bilmeyi istemeyerek. Ve birdenbire aklına daha önce hiç gelmeyen bir şey geldi... Pat diye sanki kapıyı açarak aklından içeri girdi fikir ve onu düşünmeye engel olamadı. Karşısındaki adam hiçbir şey hatırlamıyorsa, ne anlatırsa ona mı inanacaktı? Yani, yalan söylese bile onu da doğru mu sayacaktı? "Ay ne güzel ya," dedi içinden. Bu gerçek onu dehşet ve heyecanla beraber, birden karışık bir duyguyla çarpıştırdı. Altan'ın yüzüne baktığında başka bir şey görüyordu şimdi; hiç istememiş olduğu ama şimdi isteyebileceği bir şey. Yönetilebilecek, istenen yoldan götürülebilecek, aralarındaki hikâyeyi belirleyebilme gücünü karşısındakine vermiş olan bir adam. Onu Tanrı yapmış bir adam! Darmaduman eden bir çarpışma değildi bu; keyif veren, güldüren, uyuşturucu alanların diyarına gönderen, çakırkeyif eden, yere düşürmeyen, hâlâ ayakta ve sapasağlam yürütebilen bir çarpışmaydı. Daha öncesinde hep ne söyleyeceğini önceden düşünür, planlar, ona göre söylerdi. Aman yanlış bir şey söylemesin. Aman yalan söylemesin. Aman Altan'ın canını sıkacak bir şey yapmasın. "Aman dikkat et hep kızım." Onu gözetleyen Tanrı, aile ve devlet kaybolmuştu sanki. Ne söylerse ona inanacak bir adam vardı karşısında. Az önce kendisini Altan karşısında kötü hissederken şimdi birdenbire biraz olsun iyi hissetmişti. İyi demek de yanlış olur. Çünkü bu iyi hissetmekten farklıydı, "güçlü" hissetmekti. Altan ikisine dair her şeyi unuttuğu için bir yandan mutsuzdu; diğer yandan istediği her şeyi söyleyebileceği için çok mutlu hissediyordu.

"Bizim seninle beraber olmamız da iki sene olacak," dedi tekrar eder gibi. Biz derken, annesi de dahil miydi acaba? Niye böyle söylemişti, kim bilir? "İki sene önce başladık. Tabii senin son yaşadıkların yüzünden epeydir görüşemedik." İşte bu doğruydu. Ama sonra, Altan'a böyle bir şey olduysa, ben de bu olaydan nemalanayım o hâlde diyerek hikâyeyi biraz değiştirmek istedi. Her şerde bir hayır, aynen öyle... Çünkü yaşadıklarında değiştirmek istediği şeyler vardı. Kimin yoktu ki geçmişinde değiştirmek istediği bir şeyler... Herkesin vardı. Ama herkesin elinde, Meryem'in şu an elde ettiği imkân yoktu.

Mesela arkadaşları, sevgilisiyle az buluştuklarını söylediklerinde onlardan nefret ediyordu. Altan'ın neden evlilik teklifi etmediğini de bir iki kez laf arasında sormuşlardı.

"Meryem'im, şekerim, bak, sen de artık 30'larını geçtin. E, Altan'ı da sevdiğini söylüyorsun. Baban da ölmeden artık mürüvvetini görmesin mi?"

"Allah kahretsin bu mürüvvetleri. Allah kahretsin başkası için yaşayanları. Allah kahretsin başkalarının mutluluğunu belirleyenleri," diyemediğinden, bunları aklına bile getiremediğinden, içinde ezile ezile, "Haklısın ama bekliyorum," diye cevap vermişti Meryem.

Madem öyle, fırsat bu fırsat diyerek başladı anlatmaya.

"En son seninle çok büyük bir kavga etmiştik. Ben çok üzgündüm. Ama barıştık neyse ki."

"Neden kavga etmiştik ki?" dedi Altan, sözünü keserek.

Karşısındaki insanların ona hem doğru hem de yalan söyleyebilme özgürlükleri olduğunu bilmiyordu Altan. Henüz insan denen varlığın özgürlüğü bazen hem doğruyu hem de yalanı söyleyebilmekte bulduğunu bilmiyordu. Altan insanların doğru söylediklerine inanıyordu, hep doğru söylerler zannediyordu. Onu seven insan doğruyu söylerdi, böyle düşünüyordu. Hatta sevmeyenler için bile aynı şeyi düşünüyordu. Yalan söyleyebilmek diye bir şey var mıydı ki?

"Sen bana evlenme teklifi etmiştin. Artık beraber yaşamak istediğini..." dedi Meryem. "Evlenme" ve "teklifi" kelimeleri ağzında ilk defa yan yana gelince Meryem sanki porselenmiş gibi kelimenin ağzında parladığını hissetti. "Ben de henüz kendimi hazır hissetmediğimi, seni biraz daha tanımak istediğimi söylemiştim."

Altan o anda karşısındaki kadına hiçbir şey hissetmediğini fark etti. Geçmişteki kendisiyle, şimdiki kendisi arasında kalmıştı. O aradaki boşlukta, arafta. Zamana baktı, suya bakar gibi... Keşke girebilseydi baktığı zamanın içine... Ama içine girebileceği, ayaklarını değdirebileceği bir geçmiş zamanı yoktu. Böyle kadınlardan mı hoşlanıyordu yani? "Hoşlanmak" ne demekti? Neyi sevmişti bu kadında? Dış görünüşü mü? Peki insan sadece dış görünüşe mi âşık olurdu? Eğer öyleyse, güzel kadınların da yakışıklı erkeklerin de hep sevilip mutlu olmaları gerekirdi, öyle mi yani? Sadece bir kadın görüyordu karşısında. Minyon, çekik gözlü, içekapanık, utangaç duran, havaya göre oldukça kapalı kıyafetler giymiş, hafif kara tenli, ince dudaklı bir kadın. Güzel miydi çirkin miydi, bilmiyordu. Yan masalara bakması gerekti. Mesela şu, Meryem'in arkasında, solda ve uzaklarındaki bir masada, elinde sigarasıyla yukarı doğru bakarak kahkaha atan, kolunda altın rengi saati olan kadın, hiç şüphesiz Meryem'den daha güzeldi. Acaba Meryem de o kadına, "Güzel," der miydi? Emin olamadı ama işte şimdi Meryem için, "Güzel değil," diyebilirdi. Çünkü karşılaştırmasını yapmıştı artık. "Keşke ona evlenme teklifi etmeseydim," diye düşündü ve hemen ardından, "Evlenmek zorunda mıyım?" diye sordu kendine. Telaşa kapıldı. Neden evlenmeliydi ki? Zorunda mıydı? İstiyor muydu böyle bir şeyi? Evlenirse ne olurdu, evlenmezse ne olurdu? İnsanlar neden evlenirlerdi, iyi bir şey miydi bu, gerekli miydi, şart mıydı?

Böyle düşünmesi güzeldi aslında, yani sorularla boğulması... Çünkü soruyu uzanıp yan masadakilere sorsa Altan'a, "Bekârlık sultanlıktır," diyecekler, yan masanın biraz uzağındaki masaya sorsa, "Evde kalma, evlen hemen," cevabını vereceklerdi. Ama gerçek şu ki Meryem'den hoşlanmadığını hissetti, evet kesinlikle hoşlanmıyordu. O kadınla Meryem'i göz hizasıyla yan yana getirip karşılaştırırken anladı bunu. Böyle yaptığı için de hiç rahatsızlık duymadı, tam tersine, bunu yapabilmeyi öğrendiği için mutlu oldu. Çünkü birini beğenmenin, onu başkalarıyla beraber görmekten geçtiğini; eğer başkalarını göremezsek, birini de gerçekten göremediğimizi öğreniyordu. Birini beğenmek demek, onu kendine bile itiraf edemeden tabi tuttuğun karşılaştırmayla ilişkiliydi; daha kötüsüyle, en kötüsüyle ve daha iyisiyle, en iyisiyle. Kimi zaman geçmişteki kimi zaman şimdiki alternatiflere bakarak... Ancak böyle birini beğeniyor ya da beğenemiyordu insan.

"Ne zaman evlenme teklifi ettim? Çok mu âşıktık birbirimize?" diye sordu Altan, göz ucuyla yaptığı karşılaştırmasını bitirdikten sonra.

Meryem bu soru karşısında biraz düşünmek isterdi. *Çok mu-âşıktık-birbirimize.* Kelimelerin hepsini ayrı ayrı yapboz parçaları gibi yerlere dökmek ve sonra onları parça parça yerde birleştirmek, soruya öyle cevap vermek isterdi. Çok ya da az. İşte sevmenin kademeleri. Neredeydi duygusu? Nerede duruyordu? Parçaları birleştirmek zordu. Derece belirlemek zordu. Yalanı ya da doğruyu söylemek için bile zor bir andı. Bilmiyordu. Yani... Evet. Altan'ı seviyordu. Ama "âşıktık"? Aşk... Bilmiyordu. Kendisi âşıktı, evet. Ama Altan? Bilmiyordu. Emin değildi. Sevmek ve âşık olmak? İnsanlar bunu birbirinden ayrı yerlere koyuyordu. O nereye koyuyordu Altan'ı? Âşığım bölümüne mi seviyorum bölümüne mi? Annesi ne derdi bu soruya? Daha öncesinde birine âşık olmamıştı –lisedekileri saymıyordu–, Altan onun birlikte vakit geçirdiği ilk erkekti. "İlkler unutulmazdır ve bu yüzden çok kıymetlidir, sakın bırakma," derdi annesi. Doğru muydu bu?

Peki Altan âşık mıydı Meryem'e? Meryem bu sorunun cevabını da tam olarak veremiyordu. Ne yapıyordu Altan ona? Yemeğe götürüyor, onunla yürüyüş yapıyor ve evine bırakıyordu. Demek ki seviyordu onu. Çünkü sevmese bunları yapmazdı. Âşık mıydı? Ne çok kelime vardı. Sevmek. Âşık olmak. Sıkıldı. Âşıktı tabii. Artık âşıktı en azından. Değilse bile âşık olduğunu Altan'a bildirecekti birazdan.

"Evet, birbirimize çok âşıktık," dedi. Az önce düşündüğü gibi, yani birbirlerine çok âşık olmalarını dilediği için söyledi bunu. Ama aslında, birbirlerini tanımaya çalışan ve sadece Meryem'in âşık taraf olduğu iki insandılar. Ama gerçekler her zaman işe yaramıyordu. Meryem bazı gerçeklerden nefret ediyordu. Sıkılıyordu onları duymaktan, rahatsız oluyordu. Arkadaşlarına cevap vermekten, annesine söylemekten, patronuyla konuşmaktan... Bazen işte böyle değiştirmek gerekiyordu onları. Onlarla oynamak, onları başka yerlere doğru çekmek, yönlendirmek; gerçeğin uçlarını kesmek gerekiyordu bazen. Bu da o anlardan biriydi. Ve bunu yapmakta bir sakınca yoktu. Çünkü olan biteni kimse görmüyordu.

"Birbirimize" kelimesini düşünmek istedi ama emin olamadı. Çünkü Altan duygularını çok belli eden bir tip değildi. Uzaktı Meryem'e, sadece yürürken sarılırdı ona. (Meryem onun kollarının altındayken, dünyayı bir dakikalığına çok severdi.) Bazen elini tutardı. (Tuttuğu için Meryem de hiç beğenmediği tombul ellerini tekrar severdi.) Bir kez elini öpmüştü. (O gün gerçekten eve çok mutlu dönmüştü.) Bir kez de dudağına buse kondurmuştu. (O gün de, bir öpücük böyle güzelse, kim bilir sevişmek ne kadar güzeldir diye düşünmüştü ve bunu kesinlikle annesine söylememişti.)

"Evet çok âşıktık. Gerçekten... Doludizgin bir aşk yaşıyorduk," diye tekrar etti. Yalan söylemek ona değişik bir haz vermişti. Gerçeği değiştirmek, onu farklı bir biçime sokmak ve böyle devam etmek istiyordu. Evet, ilk defa bu mümkün hale gelmişti. İşe yarayacağından da emin gibiydi. Çünkü kimse bunu sorgulamazdı, sorgulayamazdı. Yalanın karşısında onu sorgulayacak bir Tanrı'nın ve Altan'ın olmayışı müthişti. Ona, "Yalan söylüyorsun, seni sevmiyordum," diyebilecek kimse de yoktu.

Çok da kötü bir şey gelmemiş Altan'ın başına. Hatta belki de bu iyi bir şey.

İzlediği Türk dizilerinde sık sık geçen aşka dair bu konuşmalar onu çok mutlu ederdi. O ne zaman kuracaktı bu cümleleri Altan'a? İzlerken bu soruyu düşünür ve cevabını veremezdi. Çünkü Altan ona hep biraz uzak geliyordu, sanki o alanı Meryem'e vermiyordu, sınır koyuyordu. Bu konuyu konuşmak için cümlelerin içerisine giremiyordu Meryem, bazen de yüzüne kapanıyordu kapılar. Bu yüzden de rahatça açılacak bir zaman ve mekân bulamıyordu kendine. İlişkilerde zaman ve mekân elbirliğiyle yaratılırdı. Ama şimdi farklıydı. Meryem bu kez geçmişteki mekânları ve zamanları da sanki kendi kelimeleriyle yaratıyor, yarattığı mekâna Altan'ı isterse çağırıyor, isterse kendisini onunla yan yana koyuyor, isterse Altan'a evlilik teklif ettiriyor, istemezse onu dışarı atıyor ve zamanı da kendi belirlediği şekilde aralara serpiştiriyordu.

Şimdi hakem sanki kendisiydi ve bu ona tıpkı Altan'ın anne ve babasına olduğu gibi, hem korkunç geliyor hem de gizli bir haz veriyordu. Altan'a hâkim olmak, bu gücü tek başına elinde tutmak esrarengiz bir şeydi. Ve esrarengiz olan her şey çok güzeldi.

"Her şeyi beraber yapardık seninle," diye devam etti Meryem. "Her şey" nasıl beraber yapılabilirse...

"Bizim buralardaki alışveriş merkezlerinde filmler izlerdik. Hafta sonları Beyoğlu'nda tiyatrolara giderdik. Boğaz'da birlikte yürüyüşler yapardık. Sen yürüyüş yapmayı çok sevdiğin için, ben de sana eşlik etmekten çok keyif alırdım."

Sonra biraz daha düşünmek için kahvesini yudumladı.

"Kestane yerdik Taksim'de, o Taksim Meydanı'nın orada, hemen girişte var ya, işte orada. Karşıda da sevdiğimiz balıkçı vardı, Beykoz'da, oraya giderdik seninle, deniz üstü. Her cuma, iş çıkışı götürürdün beni. Çok severdik orayı."

Taksim ve Beykoz, Altan'a şu an bir şey ifade etmediği için, nasıl yerler olduğunu kafasında canlandıramadan dinlemeye devam etti.

"Ama sonra Taksim çok karıştı; orayı Araplar, Suriyeliler, Afganlar, Pakistanlılar bastı. Her yere kafe, restoran açtılar. Ürüyorlar bir de sürekli. İnanır mısın Türk göremez olduk ortalıkta. Şimdi gitsek, yine aynı. Sen de oralara artık gitmek istemediğini fark ettin. Ben de bir şey demedim, gitmedik sonra. Başka yerlere de gittik ama."

Çoğu söylediği yalandı. Ama hepsi arzuladığı yalanlardı. Ağızdan kulağa tane tane serpiştirilen, kristal gibi, süslü püslü parlak yalanlar...

Yalan, kimi insanın hayatında geçmişte gerçek olmasını istediği bir arzuyu mu yerine getiriyordu?

Oysa sinemaya sadece iki kez, yürüyüşe birkaç kez gitmiş; kestaneyi de topu topu üç kez yemişlerdi. Tiyatronun kapısından bile geçmemişlerdi. Beykoz'daki balıkçıya da hep Meryem gitmek istiyordu ama Altan üşendiği ve orada beraber geçirecekleri zaman uzayacağı için onu götürmüyordu. Şu an buluştukları yerde buluşmak işine geliyordu Altan'ın. Çok hesap ödemeden ve çok zaman geçirmeden...

Tüm bunlar gerçekleşmiş, her istediği zamanında olmuş gibi anlatmak Meryem'e mutluluk veriyordu; söylediklerine kendisi bile inanıyordu. Altan'ın ona evlilik teklifi ettiğini artık gönül rahatlığıyla çevresine söyleyebilirdi. Diğer yalan da Taksim'e dairdi. "Taksim'i yabancılar bastı," diyerek gitmek istemediğini söyleyen Meryem'di. Sadece o tedirgin olmuştu, Altan değil. Altan için Taksim, yabancılar bastığı için değil, sevdiği mekânlar yıkılıp yerine başka mekânlar açıldığı için, İstanbul şehrinin kent hafızası değiştirildiği için onu mutsuz eden bir yerdi. Zaten Altan, Meryem gibi önyargılı olmadığından, gördükleri yabancıları kafasında beşle çarparak onları büyütmüyor –mesela bir Suriyeli görünce SURİYELİLER demiyor– ve onlardan rahatsızlık duymuyordu. Akademideki göç çalışmaları yürüten dostları vasıtasıyla bir gün Türkiye'deki Haleplilerle tanışmıştı. Tanıştığı çocuklardan birinin adı Kajin'di. Anlamı: "Yaşam dolu." Ailesi, yaşam dolu olamadıkları için, bari çocukları olsun diye bu ismi vermişti. Öyle demişti Kajin. Diğerinin ismi de Bewar'dı. Anlamı: "Ülkesiz." İkisini dinledikçe, Kajin'in Kâğıthane'de çekçek işçisi olup sabah yediden akşam on bire kadar çalışıp aylık 400 TL, Bewar'ın da çırak olup sabah sekizden akşam altıya kadar çalışarak aylık 250 TL kazandığını öğrenmiş ve çok üzülmüştü Altan. Ayrıca Bewar'ın yanlarından giderken, "Abim siz bizi anlıyor musunuz? Biz kötülük yapmayız. Dışarıdaki o nefret edilenlerden haberimiz bile yok bizim. Neden tanımadığım insanların yaptıklarından ben sorumlu olayım abim? Onlar suç yapınca biz de yapmışız gibi oluyor, işte bu çok kötü abim. Bu arada abi, bizim Suriyeli olduğumuzu yazmayın olur mu? Söylememeye çalışıyoruz biz," demesi Altan'ı çok etkilemişti. Bu yüzden göç politikalarında, dünyadaki göç konusunda, göçmeni değil, göçü yöneten ve yönetemeyen iktidarları sorumlu tutardı. Yabancılar Altan için çok politik bir konuydu. Akademiden bildiği ve göç üzerine çalışan arkadaşlarından öğrendikleriyle, politik ve felsefi bir konu. Bu yüzden hem Derrida'yı, hem Kant'ı incelemiş; Derrida'nın ve Kant'ın yabancıya karşı konukseverliğini karşılaştırarak günlerce okumuştu. Bir ülkenin vatandaşı olmakla olamamak arasındaki ayrımları, devletsiz insanların tarihte yaşadıkları şiddeti, farklı ülkelerin kime, neye, nasıl vatandaş dediğini, demediğini ve neden her ülkenin farklı vatandaşlık tanımları olduğunu detaylarıyla biliyordu. Hatta Altan, bir kış günü üniversitedeki dersinde "yabancıları görmeyi" öğrencilerine felsefi bir şekilde şöyle anlatmıştı:

"Yabancı, sadece yabancı değildir. Çok daha fazlasıdır. Yabancının karşısında olmak bizi korkutur, dehşete düşürür;

dünyanın neredeyse her yerinde böyledir bu. Her yerde 'yabancı' da farklıdır. Bizler, onun karşısında hissettiklerimizden korkarız, o hâlde olmaktan korkarız. Çünkü yabancı bizi, anne ve babamızı dahi tanımadığımız zamanlara fırlatır, yeryüzündeki aidiyetimizi sorgulatır. Yerimiz, yurdumuz gerçekten bize ait midir? Bunları varlığıyla karşımızda dikilerek sorar. Aynı zamanda bizi içinde yaşadığımız ülkeye dair hissettiğimiz 'hükümdarlık' ve 'her yerin sahibi' duygularından koparır, bu duyguların arasına geçer, oraya gedik açar. Korkuyla nefreti de birbirine karıştırır, düğümler. Bu da öyle bir andır ki insana yersiz yurtsuz hissettirir. Bu yüzden, yabancı karşısında nefret duymak, dünyanın yabancılığından, hiçbir zaman tamamen bize ait bir mekân olamayacağından nefret duymakla benzerdir. Çünkü tarihten de biliyoruz ki dünyada aslında hiçbir yerin sahibi yoktur; toprağın, bölgenin, sınırın sahibi olduğunu zannedenlerin elindeki sahiplik geçicidir, anlıktır, sadece bir süreliktir. Tarih bize bunu söylediği gibi, kanıtlar da. Ve unutmayın ki yabancı bize, kendimize dahi yabancı olduğumuzu hatırlatır. Elbette yabancıların sevilmemesinin bir sebebi de unutulmuş bir gerçeği hatırlatmasıdır. Hayatta herkesin birbirine yabancı olduğu gerçeğini..."

Altan bunu Meryem'e o gün anlatmak istememişti. Çünkü onunla, bunu anlatacağı bir entelektüel ilişki kurmamıştı, kuramamıştı. Bildiklerini kendisine ve üniversitedeki öğrencilerine saklamıştı.

"Anladım," dedi Altan. Tüm söylediklerini "doğru" bilerek kabul etti. "Taksim nerede, tabii hiç bilmiyorum. Belki bir gün tekrar giderim," dedi ardından.

"Gideriz," dememiş olması Meryem'i rahatsız etse de Meryem başka bir konuya dahil olmak istedi ve sordu: "Ne yapacağız şimdi?"

"Neyi ne yapacağız?"

"İkimizi."

"İkimiz? İkimiz diye bir şey yok ki," dedi Altan.

"İkimiz," denen şey şimdi sadece hatıralardaydı; geçmişte, uzanıp dokunulamayan, okşanamayan geçmişte.

"Nasıl yok?" diye çıkıştı Meryem. Sesi yine titreyecek gibi oldu. Altan'ın karşısında sahip olduğu o iktidarı sanki tekrar kaybetmişti.

"Benim için yok," dedi Altan. "Seninle sevgili olmuş olabilirim ama şu an... Belki duymak zordur bilmiyorum ama ikimize dair bir şey hatırlamıyorum ben. Bu yüzden hatırlayamadığım bir şeyi sevemem de. Sen anlatınca da ben hatırlamış olmuyorum. Sadece dinliyorum. Umarım beni anlıyorsundur. Seni asla kırmak istemem. Her şeyin kafamda oturması zaman alacak, belki de böyle söylemek daha doğru."

Meryem, geçen her salisede Altan'ın ağzından çıkan kelimelerin arasında sallanmaya, oradan oraya savrulmaya ve dağılmaya devam ediyordu. "Sevemem de," cümlesine geldiğinde durdu, yüreğinde bir delik açılmıştı ve içeriye gümbür gümbür acı doluyordu. Kendisini memnun edemeyişi karşısında, yalanın yetersizliği karşısında, Altan'ın onun tanıdığı, bildiği Altan olmadığı gerçeği karşısında yıkıldı. Altan'ın sevgisini hiçbir zaman tamamen hissetmemiş olsa da, olduğu kadarı ona hep yetmişti. Ve o sevgiyi bir daha nasıl alacaktı Altan'dan? Sadece Altan'ı değil, kendi dünyasında azıcık sevgi görmüş Meryem'i de kaybetmişti. Neredeydi o Meryem şimdi? Onu nasıl geriye getirecekti yeniden? Meryem, Altan'ın sevgisini kendi sevgisi karşısında her zaman her şartta devam edecek bir şey zannetmişti. Hayatı böyle düz bir zemine oturtanlar, onu hep kontrol edebileceğini zannedenler; hayatın dengesizliği, şaşırtıcılığı ve hoyratlığı karşısında yerle bir oluyorlardı. Sevginin bir kuralı yoktu. Sevdikçe her zaman sevilmiyordu insan, sevilmedikçe de sevebiliyordu. Zamanı, mekânı, doğrusu, yanlışı yoktu. Ama annesi Meryem'e, "Sen Altan'a sevdiğini göster. Gerisi hallolur, o senin için doğru insan," demişti daha bu sabah, Meryem kapının önünde ayakkabılarını bağlarken. Doğru insan bulmayı öğütleyen annesi aslında bir fanteziyi aşılamıştı Meryem'e senelerce, yaptığı kötülükten habersiz. Doğru insan diye bir şey yoktu. Meryem hep böyle zannetmişti. Var zannetmişti. Onu da Altan zannetmişti. Annesinin, üzerine attığı toprağın altında boğuluyordu şimdi. Kelimelerin altında boğuluyordu...

Bildiklerinden nefret etti.

Hayatının, annesinin vaat ettiği gibi olmamasından nefret etti.

Masadan kalkarlarken en sonunda annesinden de nefret ediyordu.

Bu, Altan'ın Meryem'i son görüşü olacaktı.

6

"Gelenek diye bir şey artık gerçek anlamıyla olanaksız, gelenekleri koruduklarını söyleyenler ise hem kendilerini hem de başkalarını aldatırlar. Hafıza, artık geleneğe olanak vermeyecek ölçüde kısa. Metropol yaşamının dayattığı hafızayı ben biraz balık hafızasına benzetiyorum. Hani akvaryumun camına dokunursunuz, biraz gidip durur... Balığın hafızasının üç saniye sürdüğü söylenir. Büyük balığın da hafızası aynı kısalıkta olduğu için, küçük balık üzerindeki ilgisi çabuk bitebiliyor Allah'tan. Bir tür doğa dengesi kurulur böylece. İşte, metropolde bizim öznelliğimizi tanımlayan da benzeri türden bir kısa hafızaya ya da bölük-pörçük hafızalara sahip olmamızdır."

Ulus Baker, Dolaylı Eylem

Meryem gittikten sonra ilk defa kendi başına yürüdü Altan. "Yalnız" olmakla, "kendi başına" olmak ne kadar farklıydı. O şimdi, kendi başınaydı.

Meryem'in anlattıklarına göre onunla çok vakit geçirmiş, onu çok sevmiş ve ona âşık olmuştu. Söylediklerine bakılırsa iyi bir sevgili olmuş ve ona evlilik teklifi de etmişti. Ama şimdi, tüm bunlar ona çok uzaktı. Bu yüzden Meryem'le bundan sonra ne olur, hiç bilmiyordu. Sadece onunla evlenmek istemediğini biliyordu. Bu da şimdilik ona yeterdi. Evliliğin ona ne yapacağını bilmediğinden, tıpkı ölüm gibi ondan korkuyordu. Evlenince ne oluyordu? Ve ölünce ne oluyordu? Yürürken insanlara baktı. Kimi arabasının içindeydi, elleri direksiyonda; kimi dışında, elleri telefonunda. Bazıları yolun ortasında, karşıdan karşıya geçiyordu koştura koştura; bazıları da kenarda, otobüs durağı denen yerde otobüs bekliyordu sıkıla sıkıla. Köşedeki kız bir arabaya biniyordu, üstünde TAKSİ yazıyordu. Bir de yol kenarında beyaz bir araba duruyordu. Ne çok araba vardı şehirde; istila etmişlerdi şehri. POLİS yazıyordu baktığının üzerinde. İçindeki kısa saçlı ve sert bakışlı üniformalı adamlar büyük lokmalarla sandviç yiyorlardı. Soslar, ağızlarının kenarlarından çenelerine doğru damlıyordu. Herkes farklıydı, herkes anonim ve herkes birbirinden uzak, yalıtılmış. Bir de yürüdüğü yerde hep bankalar vardı, o dikkatini çekti. Neden bu kadar çoktu? Yan yana dizilmişti hepsi. Karşılarında da kafeler, müşterileri içeri davet etmek için ayakta bekleyen genç adamlar vardı. Kafeler ve bankalar mı yönetiyordu İstanbul'u? Kuş gibi her yere konmuşlardı.

Altan, geçmişte olsa, her yere bankaların açılmasını sanayi kapitalizminin finans kapitalizmine geçişine bağlar, böylece şehrin gidişatını anlayabilirdi ama şimdi hiçbir şeyi anlayamıyor, kolaylıkla anlamlandıramıyordu. Gerçi insanların çoğu hafızalarını kaybetmemelerine rağmen onun gibiydi; olup bitenden onlar da habersizdi. Sadece uzaktan bakıyordu Altan. Böylece, şehirde olup biteni anlamayan, hayatın koşuşturmasında anlayacak zaman da bulamayan diğerlerinin arasına dahil olmuştu. Şehirlilerin çoğunun şehre ne olduğundan, kimi sokak isimlerinin, cadde isimlerinin, köprü isimlerinin neden değiştiğinden, şehirde neden bu kadar banka olduğundan haberi yoktu. Onlar sadece seyreden taraftı. Şehir sadece seyrediliyordu, bilinmiyordu. Yürürken insanların birbirine hiç bakmadığını, hiç selam vermediğini, hiç gülümsemediğini; artık bu şehrin insanınını tek derdinin "tanıdıklarıyla" görüşmek olduğunu ve onların da hep telaşla koşuşturduğunu anladı. Onlara baktığında adımlarını hızlı attıklarını ve yüzlerinde endişe taşıdıklarını gördü. Yetişmeli, varmalı, gitmeli, onlar hep "halletmeliydiler". Mesela yanından kel bir adam geçiyordu. Elinde siyah kaplı telefonu, ona bakıyordu. Altan'ı, rüzgârın esintisiyle sallanarak güneşi kesen ağaçları, yürüdüğü yerin tarihiliğini görmüyordu bile. Ne garipti yanından geçen bir insanla hiç tanışamamak, onunla tanışmak için sürekli bir sebebe ve imkâna sahip olma gerekliliği... "Yani yaşam böyle miydi? Bu kadar mıydı? Sadece tanıdıkların olduğu bir fotoğraf çerçevesi. Bu şehirde herkes aynı dili konuşsa da dili çok fazla kullanmıyorlardı aralarında. Birbirine selam bile vermeyen, güzel dileklerde bulunmayan dil cimrileriydi bu insanların hepsi. Kelimeleri ağızlarının içinde sıkı sıkı tutuyor, tanımadıklarıyla asla paylaşmıyorlardı. Ne "merhaba," ne "nasılsınız?" ne "bugün iyi görünüyorsunuz," ne de "iyi günler"...

Herkes asık ve telaşlı suratlarıyla diğerlerinden yalıtılmış şekilde sadece bedenlerinin içinde var oluyordu.

Yeniköy'de, banka ve manavın ilerisinde, demir parmaklıklı bir yer gördü, tabela dikkatini çekti. Altın sarısı zemin üzerinde YENİKÖY PANAYİA RUM ORTODOKS KİLİSESİ VE MEKTEBİ VAKFI yazıyordu büyük harflerle. Yerde de, gazete kâğıtlarının üstünde; siyah bereli, beyaz sakallı, kahverengi paltosuna sıkıca sarılmış halde yaşlı bir adam yatıyordu. Uzun uzun kilisenin tarihçesine baktı ve sonra da yerde yatan adama. Burnuna bir koku geldi, yanık bir kokuydu. Parfümsüz, deodorantsız olmanın kokusuydu bu, fakirliğin kokusuydu. İnsanın doğasının kokusu... Yapayalnız kalmanın, görülmemenin, bakılmamanın kokusu... İnsanlar sadece ailelerine "bakarlardı" ya da sevdiklerine. Yabancılara asla "bakılmıyordu". Yerde yatan adama Altan dışında bakan hiç kimse yoktu. Etrafına baktı Altan, kimse adamı görmüyordu. İnsanlar ya telefonlarıyla meşguldü ya da yanlarındaki arkadaşlarıyla konuşuyorlardı. Yaşlı adam Altan'ı dehşete düşürmüştü. Gelip geçene, "Neden bakmıyorsunuz?" diye sorsa, "Alışırsın, bunlardan çok var," derlerdi. O henüz yoksulluğu görüp onun karşısında uyuşmaya alışmamış olduğundan, dehşet duygusunu hissetmeye devam etti. Ama zamanla öğrenecekti ki yoksulluk görülmeye alışılmış ve "olması gereken" bir şeydi. Sistem böyle ilerliyordu. Dünya böyle bir yerdi. Birileri zengin birileri yoksul. Dünyanın kanunu. Yapacak bir şey yok. Kader, şans, kısmet... "Her yerde böyle." "Allah yardımcıları olsun." "Keşke devlet bir şey yapsa." Tüm bu kalıplarla birlikte yoksulluğa karşı uyuşmuşluk vardı bu şehirde. Yoksulluğun inkârı vardı.

Kimi bedenen yoksuldu kimi ruhen. Şehirlilerin, yoksulluğu görerek süren körlüğü asıl inanılmaz olandı.

Kilisenin bahçesine bakarak içeride ne olduğunu anlamaya çalıştı Altan. Ellerini cebine soktu. Bitişiğindeki manavda meyve kasalarının kenarında oturan adam, "Girmek mi istiyon abim?" diye sordu.

"Ne var içeride? Ve bu adam neden burada yatıyor?" dedi Altan. "Herkesin evi yok mu?"

"Abim yazıyo ya işte, kilise diye. Adamı soracaksan, o hep burda yatar, buranın yerlisidir, eskilerden, çok şey etme ona sen." Adam, Altan'ı garipsemişti. "Okuma yazman yok mu abim?" diye üsteledi.

Yerde yatan adama çok "şey etmemesi" gerektiğinin ne demek olduğunu anlamadı Altan. Oysa bu, şehirlinin dilinde, "Tehlikelidir, bırak, elleşme, görme, oraya çok bakma," demekti. Hem kendin için hem adam için. Demek ki dilin içinde de diller vardı... Şehirlinin kullandığı dil, tanıdıkların kullandığı dil, ailelerin kullandığı dil, iki yabancının arasında kullanılan dil... Hepsi farklı farklıydı.

"Ne yapılıyor içeride peki, onu bilmiyorum," dedi Altan ve böylece yoksulluğa değmek, ona bakmak istemeyenlerin kervanına katılmış oldu. Yaşlı adam yerde yatmaya devam etse bile artık az önceki gibi görünmüyordu, birdenbire silikleşmişti.

"Abim sen iyi misin, gel şöyle bir otur istersen," dedi adam. Altan'ı yanındaki küçük tabureye oturttu. Demek ki şehirde insanlar birbirine "bakmasa" da, arada sırada birbiriyle konuşuyorlardı. Hatta bazıları dükkânlarında ağırlıyordu.

"Abim içerisi kilise. Kiliseyi biliyon. Hıristiyanlar, gâvurlar var ya, onların mekânı."

Altan onu dinlerken, yüzü ifadesiz kalmaya devam etti.

"Hem sen ne yapacan kiliseyi? Yoksa Hıristiyan mısın sen de? Nerelisin abim sen?"

"Yok. Daha doğrusu bilmiyorum. Hıristiyan mıyım? Erenköy'de doğdum. Erenköylüyüm."

"Haydaaa. Abim sen ne diyon ya, vallahi iyi değilsin sen. Aklını mı kaybettin n'aptın? Bi' şey mi oldu sana? İçerden kapıp bi' su getirem mi sana?"

Altan'la dalga geçmiyordu manav, anlamlandırmaya çalışıyordu. Onu anlamlandıracaktı ki kendisini koruyacak, ona karşı nerede durması gerektiğini bilecekti. Şehirde hayat böyle ilerliyordu. *Kimsin? Necisin? Kimlerdensin?*

Altan, adamın doğru söylediğini bildiği için ona hemen hakkını teslim etti. "Yok su istemem." Sonra da hemen, "Aynen," dedi. "Ben hafızamı kaybettim. Ama aklımı değil. Galiba ikisi farklı şeyler."

"Abim, şaka yapmıyon de mi, ciddisin," derken bir an kendisini kötü hissetti adam ama bozuntuya vermedi. "Ben de diyom abim niye böyle tuhaf tuhaf duruyo, aval aval çevresine bakıyo." Dükkânda müşteri olup olmadığını kontrol ettikten sonra adam Altan'a biraz daha yaklaşarak fısıldar gibi konuştu. "Neyse abim. Düzelirsin inşallah. Benden hiç çekinme abim, geçmiş olsun, Allah şifa versin sana." Sonra anlatmaya başladı. "Bak ben sana anlatayım. Bura benim manav. Meyvelerim var. Sebzelerim var. İçerde daha fazlası da var. Yumurtalar felan. İstersen veririm sana da abim. Aha burası da Hıristiyanların yeri. Buraya gelirler. Kendi Tanrılarına dua ederler. Mum dikip ayin mayin de yaparlar içerde. Ama ben bilmem detayını. Hiç girmedim. Hâşâ, girmem zaten. Allah korusun. İçeri Müslümanlar girmez. Anlayacağın bizler, Türkler girmeyiz. Bizim gideceğimiz yer bellidir; o da cami. Bak görüyon mu şu ilerdeki ışıkları, kırmızı yanıyo de mi gördün, heh, onun sağından içeri gir, biraz yürü, hemen solunda cami var. Görecen. Aha o gördüğün yer bizim evimizdir, oraya gideriz biz. Senin de evin orasıdır abim."

Altan kendi evini ailesinin evi diye bildikten sonra karşısına bir ev daha çıktığı için şaşırdı. "Biz derken, siz kimsiniz?" diye sordu. Ve ekledi: "Onların Tanrı'sı kim oluyor? Sizinkinden farklı bir şeyden mi bahsediyorsun?"

"Biz işte be abim. Türk halkı demek istiyom. Sen de baya baya her şeyi unutmuşun. Hafıza gidince Allah da mı unutuluyo? Çok kötü bi' şey bu abim ya. Abim bak. Türklerin hepsi Müslümandır. E sen de Türk'sündür. Dolayısıyla cami senin de evindir. Cami tüm Müslümanların evidir. Sen de Türk'sün işte, başka ne olacan."

Etrafına bakındıktan sonra devam etti.

"Tanrı işine gelince... Aynen, onlarınki Tanrı'dır. İsa misa, kutsal ruh, baba felan öyle şeyler gevelerler. Bizimkisi Allah'tır. Tanrı demeyiz abim biz, Tanrı'yı sevmeyiz. Bizimkisi farklıdır. Bizimkisi onlarınkinden üstündür."

Tanrı ve Allah farklılığını pek anlamayan Altan, o konuyu uzatmak istemeyerek, "Türk'üm herhalde," dedi.

"Abim Türkçe konuşuyon işte, Türk'sündür." Onun başka bir milletten olabileceği fikri aklına gelmedi adamın, daha doğrusu gelsin istemedi.

"Doğrudur. Türk'ümdür o zaman," dedi Altan. Eve gittiğinde bunu ailesine soracaktı. Türk müydü o da? Yoksa adamın dediği gibi "başka" bir şey olabilir miydi? Öyle bir ihtimal var mıydı? Başkaları kimdi?

"Aynen abim Türk'sün. Dedim ya, Türkçe konuşuyon zaten. Tipin de Türk'e benziyo. Yüzün gözün felan. Maşallah abim. Türklerin hepsi Müslümandır abim, dediğim gibi. Burası da Müslüman ülkedir. Anladın?"

Altan'ın anlayıp anlamadığını suratından yakalamaya çalıştı adam, şöyle bir baktı. Evet, dikkatle dinliyordu Altan. Dinlediğini görünce devam etti:

"Abim sen şimdi cumhurbaşkanını, belediye başkanını felan da mı hiç bilmiyon? Onları felan da unuttun mu?" Gülmemek için kendisini zor tuttu, hatta dayanamayıp biraz güldü, sarı sarı dişleri göründü. "Valla işin zor abim. Seni çok kandırırlar, uyarmadı deme."

O sırada manava gelen başörtülü bir kadın muzları eline alıp gösterdiğinde, "Aynen, 25 lira ablam," dedi manav. "Çok pahalı çok, ne hale geldik," diye söylendi kadın. "E ablam n'apalım, emperyalistler ülkemizi mahvediyo, ondan oluyo. Faiz lobisini bilmiyon mu sanki? İzlemiyon mu haberleri?" derken sesini alaycı bir şekilde yükseltti adam. Kadın başörtüsünü düzelterek, duymazdan gelerek gitti. Adam, Altan'a dönerek konuşmaya devam etti.

"Sabahtan beri her gelen fiyatlardan şikâyetçi. Ben n'apim. Gitçen onu emperyalistlere sorcan."

"Emperyalistler kim? Faiz lobisi ne? Neden ülke mahvediliyor? Ne oluyor ülkede?" Birdenbire birçok kavram beyninin içine sızdı Altan'ın ve tüm şehre yayılmış olan kaygı onun üstüne de sıçradı, kanına karışmaya başladı.

"Abim bunlar uzun hikâye. Emperyalistler Amerika, Avrupa felan abim, onlara deniyo. Faiz lobisi de işte şey. Şey abim. Sen söyle. Abim dünyayı yönetenler onlar ya. Onlar ne isterse o oluyo. Her şeye onlar karar veriyo abim. Bak, ben sana anlatmak isterdim bunları detaylı. Hep haber dinliyom akşamları. Bizim hanım sevmiyor da ben açıyom hep. Orda anlatıyolar, ordan biliyom ben de. Her şeyi anlatıyolar abim, her şeyi. Ama şimdi öyle sana hemen anlatmam zor abim. Abim demek sen baya her şeyi unuttun ha. Olaya bak, hassiktir ya."

Yine Altan'ın suratını takip etti manav. Hiç tepki vermeyip dikkatle dinlediğini görünce, kendisini "dinlediğini" ve "ciddiye aldığını" fark edince devam etti konuşmasına. Çünkü manav diye kimse onu ciddiye almıyor, herkes ona cahil cühela gözüyle bakıyordu. Bu durum da adamın kendi düşüncesinden başka türlüsünü bilememesiyle, kendi fikrine saplantı şeklinde bağlanmasıyla sonuçlanıyordu. Cahilin cahil olmasının sebebi bilgisizliği değildi; tamamen kendi düşüncesiyle yapayalnız bırakılmış olmasıydı. Birbirine kutuplaşmış toplumlarda düşüncelerin alışverişi zor, sadece malların alışverişi kolaydı.

"Evet her şeyi unuttum. Sen nereden öğrendin bunca şeyi?" diye merakla sordu Altan.

"Abim nerden olcak. Anlatıyom ya. Televizyondan. Her akşam izliyom. Sana anlatırdım da her şeyi. Ama o kadar vaktim yok benim. Bil ki bizim süper bi' ülkemiz var, sana böyle söyliyim abim. İşin özeti bu yani. Çok güçlü bi' devletiz abim biz. Vallahi sıkıntılar var ama çok şükür diyoruz abim, sorun her ülkede var zaten. Halimize şükür. De mi?

Biz kendi yağımızda kavruluyoz yani. İçimizde vatan haini, terörist çok, onları da söyliyim sana abim. Ama Allah devletimizi başımızdan eksik etmesin, gerçekten dünyaya meydan okuyolar. Eskiden Türkiye ezilirdi şimdi hiç ezilmiyo abim. Şimdi biz eziyoz. Artık eski Türkiye yok abim, yeni Türkiye var. Allah'ımıza çok şükür."

"Eski Türkiye" ve "yeni Türkiye" tabirlerine takılmıştı Altan, ülkesi eski ve yeni olarak ikiye ayrılmıştı demek ki. Eskisini de öğrenmesi gerekiyordu şimdi, yenisini de. Ancak öyle anlardı nerede yaşadığını. Ne "yeni" olmuştu, ne "eskide" kalmıştı? Hafızasını kaybetmeden önce, mimari olarak her yeri yıkıp restore etmekle, olanı muhafaza edip muhafazakâr olmakla değil, tam tersine yıkıcı olmakla, tarihi eski Türkiye'den farklı yorumlayarak toplumun hafızasını ve kimliğini değiştirmekle yeni Türkiye adında bir Türkiye inşa edilmeye çalışıldığını çok iyi bilirdi. Ama şimdi bunları hatırlamadığından, manavın dediklerinden pek bir şey anlamıyordu.

Manav da o sırada kendisini, televizyonda halka bilgi aktaranların yerine koymuş, kendi içinde onlarla özdeşleşmişti. Altan'ın karşısında bu şekilde konumlanmak ona öyle iyi hissettirmişti ki Altan hiç gitmesin, hep kalsın, kendisini dinlesin istiyordu. Çünkü etraf hain doluydu. Şu yoldan geçenler Altan'ı bir bulsalar, aklına haince şeyler sokabilirlerdi. Manav için herkes tehditkâr, şüpheli, vatan hainiydi. Dinleyen birini bulunca, fırsat bu fırsat anlatmaya devam etti.

"Şimdi gelmiş bana muz niye bu kadar pahalı diyo. Vatan haini misin bacım sen? He, söle bana vatan haini misin? Onu gitçen emperyalist uşaklara, faiz lobilerine, dış güçlere sorcan. Bi' de başörtülü olcak. Sen niye isyan ediyon acaba ya? Sana hakların bile yeni verildi. Sus, otur. Kadın milleti de nankör işte. Kafasındakinden de utanmıyo. Bi' de ben manavım ya, ciddiye almıyolar pek beni. Oysa ben neler biliyom neler. Abim bak sana bi' şey daha söyliyim. Avrupa'da da sıkıntılar var sonuçta, de mi abim? Avrupa'da, Amerika'da insanlar ölüyolar açlıktan, hep evsiz dolu sokaklar. Daha dün gördüm televizyonda abim, çadır kurmuşlar evsizler, vallahi. Bizde öyle değil. Bizde o kadar fakir hiç yok. Varsa da çok az var abim. O kadarı da olur. Çalışmayana ekmek yok ki zaten. Herkes çalışmalı. Niye boş oturuyolar? Niye iş beğenmiyolar? Bak ben çalışıyom çocukluğumdan beri, it gibi çalışıyom. Ne iş olsa yaptım. Neyse abim. Sözün özü şudur ki Allah devletimizi başımızdan eksik etmesin. Ben böyle söylim sana abim. Başka da bi' şey bilmem ben. Sen de dikkat et abim. Hain dolu her taraf."

Altan onu dinlerken annesinin evde şikâyet ettiği ülkeyle, manavın içinde yaşadığı ülke aynı mı değil mi diye şüpheye düştü. Annesi ve manav, tamamen başka ülkedelerdi sanki. Manavın ülkesinde her şey güzeldi, sadece her yerde hainler vardı; annesininkindeyse her şey berbattı ama bahsedilen "hainler" yoktu. Manavın ülkesinde herkese şüpheyle ve öfkeyle bakmak zorunda kalırdı insan; annesinin ülkesinde ise her şeye umutsuzlukla ve açık kalmış musluk gibi, sürekli o musluktan akıp duran kaygıyla. Altan'ın ülkesi nasıldı peki? Herkes kafasındaki başka bir ülkenin vatandaşı gibiydi. Onun vatandaşı olduğu ülke hangisiydi?

Altan'ın sessizliğinden tedirgin olan manav tekrar söze girdi.

"Neyse abim, bak sen beni dinle, bırak bu kiliseye girmeyi. Dediğim camiye git. Sana dediğim yerde namazını kıl."

"Namaz mı?" dedi Altan.

"E tabii, namaz. Ama sen şimdi namazı da unuttun de mi... Onu da kılamazsın. Ben gelim gösteriym dicem ama müşteri kaçar. Neyse abim, boş ver. Ya da boş verme, dur. Sen yine de git. Orda bi' abdestini al, bi' besmele çek, duanı et. En azından Allah'ım aklıma mukayyet ol felan de. Dua etmeyi biliyon de mi?"

"Yok," dedi Altan. "Bilmiyorum."

"Abim sen ne hale gelmişsin ya, vallahi Allah kimseyi düşürmesin. Bu ne biçim bi' şey böyle, ölmekten beter bi' şey. Neden oldu ki böyle? Abim nasıl desem sana. Girecen içeri. Açacan ellerini. Dua edecen işte Allah'a. Elham'ı, Ayetel Kürsi'yi, Sübhaneke'yi artık neyi biliyosan okuyacan. Ama sen onları da unuttun. O zaman git istediğin bi' şeyler için dua et abim. Yani hayattan ne istiyon? Allah'tan, Yarabbi'den git onu iste."

"Bir şey istemiyorum," dedi Altan. Allah'ı bile bilmediği, tanımadığı için, ondan bir şey istenmesi gerektiğini de bilmiyordu. Allah kimdi, neydi ki? Demek ki böyle yapıyordu insanlar, her şeyi Allah'tan istiyorlardı, öyle mi? Altan ne isteyebilirdi ki? Hiç düşünmemişti bunu. *Birinden bir şey istenmesine Allah mı deniyordu?*

"Allah'a dua edince ne oluyor?" diye merakla sordu Altan.

"Abim işte sen duanı ediyon. Sonra n'olacaksa oluyo. İçten edersen kabul olur. İçten etmezsen olmaz. Ben içten edince Allah dualarımı kabul ediyo. Bazen de etmiyo. Ama etmiyosa vardır bunda da bi' hayır, diyom. Bizde isyan etmek yok. Allah doğrusunu bilir. Ben kimim ki? Doğrusunu o bilir."

Altan sürekli insanların kelimeleri arasında gezinen Allah kelimesine takıldı. Ara ara bunu ailesinin ağzından da duymuştu. Demek sadece ailesi değil, çoğu insan kullanıyordu bu kelimeyi ve ara ara herkes mutlaka Allah'tan bahsediyordu. Ortak bir kelimeydi bu yani; herkesi bir araya getiren, yakınlaştıran ve kaynaştıran. "Demek ki bir düzene oturtuyor bu kelime insanları ya da onları bir araya getirmeye sebep oluyor," diye düşündü Altan.

"Anladım," dedi. Camiye gidip gitmemeyi sonra düşünecekti, belki giderdi, yolda yürürken bakardı artık.

"Az önce Allah devletimizi başımızdan eksik etmesin diye dua ettin değil mi?"

"Evet abim."

"Neden? Yani neden başından eksik etmesin?"

"Çünkü devlet bana bakıyo abim, beni koruyo."

"E, Allah ne yapıyor?"

"O da öyle, ikisi de beni koruyo. Ama hâşâ. Allah devletten büyüktür yani. Devlet başka. Allah başka. Abim onu bırak da senin sigortan var mı? Sağlık sigortası. Devlette sigorta çok önemli. Sağlıktan faydalanıyom ben. Gidiyon, bedava. Ama öncesinde ödüyon tabii, ay ay ödüyon. Senin var mı abi sigortan? Kesin vardır. Yüksekten bile ödüyosundur sen, öyle hissettim ben. Durumu iyi birine benziyon. Bizim sülalemiz sikiliyo ödemekten abim, o da ayrı. Ama bedava sağlıktan faydalanıyon sonra, çok süper bi' şey yani. Geçen gittim bizim şu ilerdeki İstinye Devlet Hastanesi'ne, hiç para ödemedim, Allah razı olsun devletimden. Hâlâ hizmet beğenmiyolar. Ama öncesinde her ay ödüyon tabii, o zor. Neyse. Sen ne demiştin? He, 'Allah başımızdan eksik etmesin'i niye diyon demiştin. E diyom işte çünkü devletsiz insan Allah'sız insan gibidir, korkarım ondan."

"Anladım. Peki devlet nerde? Oraya nasıl gidebilirim?" diye sordu Altan.

Manav bunu hayatı boyunca hiçbir zaman düşünmemiş olduğundan şaştı kaldı. Bir de kahkaha patlattı.

"Devlet nerde mi? Nasıl gidecen mi? Abim var ya, senin kafa var ya hakkatten uçmuş gitmiş, tam kırık kafa olmuş ha. Esrar felan almışın gibi."

Manav yine güldü. Gülünce görünen dişlerinin sarısı bu esnada Altan'ın gözüne iyice çarpmaya başladı.

"Ne biliyim nerde abim. Başkanlar felan var işte, onların olduğu yere deniyo. Ama onlar da hep geziyo. Onların peşinde mi gezecen? Neyse ben işime geçiyom abim, içeri de bakmam lazım. Haydi Allah'a emanet ol."

Adam yanından kalktıktan sonra Allah ve devleti birbirine yakın şeyler olarak anladı Altan. Devletten ve Allah'tan istenenler vardı yani. Ve ikisinden istenenler, galiba benzerdi. Ve ikisinin de belli bir mekânı yokmuş gibiydi. Sadece ziyaret ediliyorlardı zaman zaman. Demek insanlar böyle yaşıyordu... Devletten veya Allah'tan isteyerek. Onlar tarafından da gözetilerek.

Yürürken, artık eve gitmek istedi Altan. Müslümanların evine ya da Hıristiyanların evine değil, kendi evine. Gidip annesine Türk ve Müslüman olup olmadığını soracaktı. Öğrenmesi gerekiyordu. İnşallah Türk'tü. Çünkü eğer değilse, manav rahatsız olabilirdi, Altan'a öyle hissettirmişti. Ama Altan kimseyi rahatsız eden biri olmak istemiyordu. Derken, o sırada telefonu çaldı. İsmi "Fırat" diye kaydedilmiş biri arıyordu. Açtı.

"Buyurun," dedi Altan.

"Selam. Nasılsın Altan? Fırat ben, müsait misin?"

7

"İyiyim, teşekkürler ancak... Lütfen. Lütfen kusura bakmayın, hatırlayamadım," dedi Altan.

Fırat, bu tepkinin geleceğinin bilincinde karşılık verdi.

"Evet, biliyorum. Kusura bakma falan demene hiç lüzum yok. Durumunu biliyorum. Ben üniversiteden, akademiden arkadaşınım. Görüşmek isterim, uzun zaman oldu."

Altan, Fırat'ın sesini tabii ki tanıyamamıştı. Sesi tanımak da hatıra gerektiriyordu; hafızada belli bir yer, sesin bir yorgan gibi durduğu saklı bir oda... Ama belli belirsiz de olsa bir sesin hareketi tanıdık gelmişti sanki; bu, tanışıklığa çok yakın olan hissiyat bir dejavu gibiydi.

"Olur tabii," dedikten sonra Fırat'ın çalıştığı üniversitede buluşmak için sözleştiler, birbirlerine görüşürüz dedikten sonra telefonu kapadılar.

Altan eve gittiğinde annesine Fırat diye birinin aradığından bahsetti. Annesi tanıyamadı. "Hiç bilmiyorum," dedi. "Daha önce bana bahsettiğin biri değil, ne istiyormuş?"

"Görüşmek," dedi Altan. "Akademiden arkadaşımmış." İnci Hanım, "E buluş tabii," diye karşılık verdi. Altan annesinin bilmediği biriyle görüşeceği için hem tedirgin oldu hem de belli belirsiz heyecanlandı.

Altan, ailesiyle birlikte yemek yedikten sonra babasına bugün Yeniköy'deki manavla olan konuşmasını anlattı.

"Amma darlamış seni adam," dedi Sait Bey. "Uzak dur böyle tiplerden."

"Yok, aksine, keyifliydi."

"Sağcı adamın neresi keyifli olacak? Cahilin teki işte, bu lağım kafalı adamlar yüzünden bu haldeyiz."

Altan, babasının manav hakkında söylediklerine biraz bozuldu. Cahil olması, onunla konuşmaması, ondan uzaklaşması için sebep miydi yani? Babasına göre cahiller, onlardan uzak durulduğunda görünmeyen, böylece ortadan kaybolan parazitlerdi. Ama ülkede seçim zamanı ortaya çıkıyor, her sandığı cahillikleriyle tıka basa doldurup, başkalarının kaderlerini belirliyorlardı. Kader belirleyici parazitler. Babası bu yüzden demokrasiye bile mesafeliydi, demokrasinin olması gereken toplumlarla olmaması gereken toplumlar vardı ona göre. Türkiye "çoğunluğun" isteğine göre değil, tam tersine azınlığın isteğine göre yönetilmeli, çoğunluk azınlığa uymalıydı. Çünkü çoğunluk genelde demokrasiyi de istemiyordu. Onlar sadece kendi gibilerin mutlu olduğu bir iktidar istiyorlardı. Babası kendisini bildi bileli her zaman sol partilere oy vermişti. Oysa Altan'a göre, "Cahil," diyerek damgalanan insanlar, onlardan uzaklaşıldığında değil onlarla temas edildiğinde değişen, dönüşen, ilerleyebilen insanlardı. Toplumların ilerleyişi, cahillik uzağa fırlatıldığında, görünmezleştirildiğinde, nefretin nesnesi haline getirildiğinde değil; aksine, onlarla kaynaşıldığında, konuşulmaya, temas edilmeye çalışıldığında değişecek olan bir durumdu. Cahillik yerleşik bir şey değildi Altan'a göre. O, yaratılan, beslenilen, hatta iktidarlar tarafından istenen bir durumdu. Cahillik, kendini itaate teslim etmenin, itaat etmemeyi öğrenememenin, meşruiyetini kaybetmenin ve özgür olmak istememenin belirtisiydi. Altan akademideyken hep bu yönde düşünmüş; öğrencilerine, diyalog kurmayı kaybeden bir ülkede cahilliğin bitmeyeceğini aksine çoğalacağını, umutsuz ve diyalogsuz kalan toplumların da otoriter ve totaliter rejimler yaratacağını anlatmıştı. Bu yüzden cahillerden kaçmamış, aksine onları daha çok yakınında istemişti çünkü onlar kendi kaderlerine terk edildiğinde, onları cahilliğin içine daldıran sadece kendileri değildi, aynı zamanda toplumdu. Zaman zaman uzaklığıyla onları kendi elleriyle boğan, zaman zaman da boğuldukları için onlara kızan toplum...

"Cahil diye onunla konuşmamalı mıydım, yanlış mı yaptım?" diye sordu Altan. Ve babasının, "ülkenin bu hale gelmesine sebep" olarak cahilleri görmesiyle, manavın dünyasıyla, ailesinin dünyası arasındaki uçurumu tekrar fark etti. Manavın mutlu gözüken öfkeli dünyasıyla ailesinin mutsuz gözüken öfkeli dünyası... Babasının, "Konuşma," dediği cahillerle, manavın, "Hain," dediği vatandaşlar arasında sıkışıp kaldı Altan.

"Evet, konuşman gerekmez," dedi Sait. Bunu daha önce, yani Altan hafızasını kaybetmeden önce ona söyleyemezdi. Çünkü Altan'ın bu cevaba kızacağını bilirdi. Ama şimdi rahattı, ağzına geleni söyleyebilecek kadar özgürdü; Altan'dan, onun bilgeliğinden bile özgür.

"Senin Türk olduğunu bile daha sen söylemeden söylemiş biri. Ne beklersin böyle zihniyetten? Bunlar böyledir işte. Herkesi kendileri gibi görmek isterler. Değilse de yakarlar, öldürürler ya da içeri attırırlar."

Altan, o sırada Türk olup olmadığına dair bir korkuya kapıldı. Annesi de eşi konuşurken, telefonundan sosyal medyada Suriyeli üç gencin İzmir'de yakılarak öldürüldüğü ve İran-Türkiye sınırında bir kadının donarak öldüğü haberlerini okuyordu. Haberin altında da, "İyi olmuş, bize ne, biz kendi ülkemizin insanına sahip çıkalım," yorumları vardı.

"Ben Türk değil miyim ki zaten?" diye sordu Altan. "Manav Türk olduğumu söyledi. Tipimin de Türk'e benzediğini. Yalan mı söyledi?"

Annesi o sırada hafiften gerildi. Masadaki sürahiden kendisine su doldurdu, birazı masaya döküldü. Sanki masadakilerin dikkatini başka bir şeye vermelerini ister gibi...

"Türk değilsin," dedi Sait Bey. "Baba tarafından Kürt'sün. Annenin tarafı Türk. Manav sana değil, kendisine yalan söylemiş. Onlar öyle hayal dünyalarında yaşarlar hep. Kafasız adam."

Su bardağa dolarken Altan da kendi kimliğinin içine doluyordu sanki. O anda, manavın ve onun etrafındaki dünyanın dışına taştığını hissetti. Adamın gözlerinde yakınlığı ve uzaklığı nasıl da aynı anda taşıdığını hatırladı. Böylece Altan, şimdi ilk kez hatırlamayı öğrenmişti.

"Kürt olduğumu neden bilmiyor manav?" dedi Altan.

Sait Bey, Altan'a güldü. "Söylesen bilirdi. Söyleyebilirsen tabii. O kucaklayıcılığı onda görürsen. Az rastlanılır öylesine, maalesef. Ama sen de bilmiyordun tabii. Bu toplumda çoğu insan, herkesi Türk zanneder. Türk olsun ister. Başka türlüsünü düşünmez. Düşünmez demeyelim aslında düşünür de. İstemez diyelim. Sen Kürt'üm dersin, hepimiz Türk'üz der."

Altan, "istenmeyen", "düşünülmeyen" bir kimliğe sahip olduğunu artık bildiği için istemsizce gerildi. Demek ki istenmeyen ve düşünülmeyen kimlikler vardı. Bunların ne kadarı Altan'da mevcuttu? Aynaya baktığında değil, sözcüklere baktığında bulabiliyordu kendini. Ağır hissettiren sözcüklerle, hafif ve rahat hissettiren sözcükler vardı; ne garipti. İçine bir şey yerleştiriyorlarmış gibi hissetti ama bu hissiyat aslında yüze otururdu, iç taraf yerine yüze yansırdı hep. Korku ve dehşet, tedirginlik ve kaygı; gizli ya da istenmeyen kimliklerin yüzlerinde ortaklaşa kullandıkları imparator duygulardı.

"Neden istemesin?" dedi Altan. İstenmemenin nedenini kurcalamak, İnci Hanım'a Sait Bey'le evlenmeden önce ailesiyle girdiği münakaşaları hatırlattı. İnci Hanım, Sait Bey'le evlenmeden önce ailesine, o dönemlerdeki ağır baskıya rağmen onun Kürt olduğunu rahatlıkla söylemişti. Annesi ve babası, Kürt olduğu için Sait Bey'i istemeseler de İnci Hanım ailenin, tıpkı devletler gibi bazen başkaldırılması, direnilmesi, mücadele edilmesi gereken bir kurum olduğunu düşünerek onlara Kürt olmasının kötü bir şey olmadığını, bunun aralarında bir sorun olmadığını ve olmayacağını uzun uzadıya anlatmıştı. İnci Hanım'ın milliyetçi babası, üç defa üst üste bastırarak, "Hayır, hayır, hayır! Evleneceğin adam Türk olacak," diye inat etse de, İnci Hanım, "Siz bilirsiniz, kızınıza elveda deyin öyleyse," diyerek mücadelesinden vazgeçmemişti. Aşk, o zamanlar İnci Hanım için bir mücadele zemini olmuştu; bitmeyen bir direniş, başkalarına tuhaf ge-

111

len, alışılmamış bir itaatsizlik eylemi. *"İnci, ayıp olmuyor mu babana? Senin iyiliğini istiyor o."*

"İstemez işte. Daha çok kendilerine benzeyenleri isterler. Onlarla aynı fikirde olmanı. Dünyaya aynı yerden, aynı doğrultudan bakmanı. Ama aynı gökyüzünün altında yaşadığını, aynı yeryüzünü paylaştığını hatta bu ülkede aynı devletin eşit vatandaşı olduğunu, olman gerektiğini bilmek istemezler."

Altan, kendi Kürt kimliğini biraz daha sorgulamak isteyerek, "Peki neden sen Kürt'sen ben Kürt'üm ki?" diye sordu. "Annem Türk'se, neden Türk olmuyorum?" Konuyu başka bir yere kaydırmıştı, konuşulması pek sevilmeyen bir yere...

İnci Hanım Türk'tü ama aslında o da Selanik göçmeniydi. Bugün Türkiye'de, çoğu ailenin tarihinde hâlâ göçmenlik vardı ama "göçmen" olmak dezavantajlı ve istenmeyen bir kimlik olduğundan bu gerçeği herkes unutmaya çalışmıştı. Sonunda da elbirliğiyle unutulmuştu. Kapkara bir kolektif unutkanlık yerini "mültecileri göndereceğiz", "göçmenleri istemiyoruz" gibi cümlelere bırakmıştı. Oysa Türkiye'de mülteci denerek konuşulan insanların, "geçici sığınmacı" statüsünde bırakıldıklarını, "mülteci" statüsünde bile olmadıklarını bilmiyorlardı. İnsanlar kendi özgeçmişlerinden, tarihlerinden bile nefret ediyorlardı şimdi. Oysa İnci Hanım eskiden, bu evde ailesiyle kalırken komşusu olan Rum Rebeka, Lena ve Yorgo'yla nasıl güzel dostluklar kurulabildiğini insanlara hatırlatsa, kimse ağzının içinde bu kadar öfkeyi her gün tüküre tüküre taşıyamazdı. Ne çok şey öğrenmişti halbuki Rum arkadaşlarından. Rebeka tarihe çok düşkün olduğundan, bir gün otururlarken İnci'ye Yeniköy'ün hikâyesini anlatmıştı. İri iri gözleriyle bakarak, "Şekerim," demişti. "İo'nun boynuzlarının açtığı yarıkların bir kıyısında kurulmuş bir köydü eskiden burası. Bizanslıları bilirsin değil mi? Onlar, burada vakt-i zamanında çiçek tarlaları olduğu için Komarodes dermiş. Sonra Romanya Geni'den gelen Ulahlar yerleşmiş buralara. Sonra da biz, Rumlar. 'Geniköy,' dermiş Ulahlar, şimdikine çok yakın değil mi? Her şeyin bir tarihi olması güzel ancak hiçbir yerin bize ait olmadığını bilmek korkutucu gelir bana. Yeniköy adını nasıl aldı diye soracaksın şimdi. O da Sultan Süleyman'ın fermanıyla olmuş. Yeniköy ismini öyle almış. Her şeyi unutsa da tarihi unutmamalı insan. Tarih bilmek çok önemli geliyor bana."

Rebeka İstanbul'dan, Geniköy'den sürüldüğünden sesi şimdi sadece İnci'nin kulaklarında, görüntüsüyse çok uzaklarda... Kim bilir Rebeka nerede?

Sait Bey, Altan'ın sorusu karşısında sinirli bir ifadeyle tebessüm etti. "Soy babadan geçer de ondan," dedi. "Annen Türk olsa da sen Türk olamazsın, benim yüzümden Kürt'sün ve sakın bundan gocunma."

Altan zaten gocunacak bir şey olduğunu bilmiyordu, niye gocunacaktı? Gocunmayı ya da daha doğru tabirle korkmayı manavın bakışları sayesinde hissederek öğrenmişti. Utanmak, gocunmak, korkmak, çekinmek, gizlenmek, saklanmak, maskelenmek öyle birdenbire ortaya çıkmazdı; onlar tek tek öğretilirdi, kafalara vura vura yerleştirilir, insana neredeyse zorla benimsettirilirdi. Başkasının bakışı, sözü, duruşu öğretirdi gocunmayı; kendini gizlemeyi, yok saymayı, içten içe kendini ezmeyi, kendine yabancılaşmayı.

"Ayrıca bugün bana Müslüman olduğumu da söyledi," dedi Altan. Annesi de babası da bu konuda yorum yapmak için aynı anda konuştu.

"Doğru," dedi Sait Bey.

Sait Bey'i onaylarak, "Doğru. Müslümanız biz," dedi İnci Hanım.

Oysa bu da tartışılırdı. İnci Hanım'ın, "Müslüman değilim," demesi epey zordu. Ama o da biliyordu ki siyasetin dinselleşmesi İnci Hanım'ı dinine karşı çoktandır arada derede bırakmıştı.

"Neden?" diye sordu Altan.

"Nasıl neden?" dedi annesi. "Müslümanız işte, nedeni yok. İnancımız bu."

"Bir nedeni olmaz mı inancın?"

"Nedeni son din olmuş olması. Bu toplumda Müslümanlar yaşar," dedi babası.

"E hani başka milletler de vardı?"

"Evet var."

"O zaman başka dinler de yok mu?"

"Var tabii. Ama bizler için yok," dedi Sait Bey.

"Ben neden Müslümanım acaba?" diye sorunca Altan, ikisi de sustu.

Altan, Müslüman olup olmadığı sorusuyla ciddi şekilde ilk kez, küçükken sinema perdesinde öpüşen çifti izlerken, yukarı doğru önlenemez bir şekilde kalkan pipisinden donuna ilk meni aktığında ve bu hikâyesini komşularının oğlu Abdullah'a anlattığında karşılaşmıştı. Çünkü pipisinden donuna akan şey, oraya dokunduğunda elini yapış yapış yapmış, pipisinden akan şeyi elinde tutup izlerken onu çişe benzetememiş, farkını anlamış, onu anlamlandırmak için altı yaş büyük komşularının oğlu Abdullah'a gitmişti. "Benim pipimden bir şey aktı," demişti Abdullah'a. "Yapış yapış bir şey. Sende de oldu mu hiç?" Abdullah, o zamanlar on iki yaşlarında olan Altan'a, "Ayıplı bir şey mi gördün? Git hemen gusül abdesti al. Üç kez ellerini yıka, üç kez ağız, üç kez burun, üç kez yüz, üç kez sağ kol, üç kez sol kol, sonra başından aşağı su tut, her yerine suyu değdir, temizlen, bir daha da ayıplı şeye bakma," demişti. "İlla bakacağım diyorsan da bu dediğimi hemen tekrarla. Eğer hemen bunu yapmazsan, attığın her adımın hesabını cehennemde cayır cayır yanarak ödeyeceksin. Yani pipinden meni aktığı an artık günahkârsın. Şu an cehennemde yanıyorsun, öyle düşün, her adımın günah, omzundaki melek bunu görüyor ve her saniyeni yazıyor. Anlıyor musun? Müslüman olanlar bu dediğimi yapmak zorundalar. Sen de Müslüman değil misin? Hadi koş git evine, dediklerimi yap hemen."

Altan bu kuralı öğrendiğinde, Allah'ın onun yaşamına kadar yaklaşabilen dürbününün uzunluğunu fark edip Allah'tan ve pipisinden deliler gibi korkmuş, ayıp herhangi bir şey gördüğünde tuvalete gidip sürekli pipisine bakarak meninin akıp akmadığını kontrol etmişti. Kendisini gözetleme seviyesi o kadar artmıştı ki okulda teneffüsteyken, komşunun evinde, ailesiyle çarşı gezmesinde lavabo bulabildiğinde, gece çiş için uyandığında... Sürekli donuna ve pipisine bakıyor, orada herhangi bir sıvı görüp, koku alırsa derhal duşa giriyordu. Dışarıdaysa da hemen eve dönüyordu. Çünkü dünya o zamanlar adım adım yürünen bir cehenneme dönüşüyordu Abdullah'ın dediğine göre. Korkunç, zebanilerle dolu kâbus bir yere.

Kendi bedenine uyguladığı bu kontrol ve otorite, Allah'ın sürekli gözetlemesi ve Allah'ı memnun etmeye çalışmak için de kendisini gözetlemesiyle yıllar boyu sürmüştü. Zamanla mastürbasyon yapmayı da öğrenince duş alma sayısı artmıştı. Öyle ki artık her gün duşa girdiğinden, annesi su faturasının öncekilerden fazla gelmesini garipser olmuştu. Ama İnci Hanım da çok geçmeden anlamıştı oğlunun durumunu. Çünkü o da Sait Bey'le sırf bu yüzden sevişmiyor, gusül abdesti almamak için geceleri sırtını dönüp, "Olmaz, zaten ev soğuk, duş alamam şimdi," diyerek uyuyordu. Bu da cinselliğin aksamasına, baltalanmasına, en sonunda da aralarından tamamen kaybolup gitmesine sebep olmuştu. Cinselliğin olmadığı bir döneme zorunlulukla girmişlerdi. Tabii Sait Bey hariç...

Altan, hiçbir zaman Allah'a karşı olmamıştı ama yıllar geçtikten sonra penisini kontrol etmekten yorgun düşmüş, Allah'ın onun penisinden akan meniye karışacak kadar onunla ilgilenmediğinden emin olmuş, Allah'la arasını da bu yaptığını saçma bulunca bozmuş ve yıllarca penisini kontrol etmesini sağlayan Abdullah ve Abdullah'ın öğrettiği Allah'la mesafelenmişti. Yani hafızasını kaybetmeden önce, çocukluğunda Müslümandı. Ergenliğinde de Müslümandı. Ta ki üniversiteden mezun olana kadar. Üniversitede Allah değil, Allahlar olduğunu fark etmiş, Tanrı'yı çoğullaştırmış, kitleden alıp bireyselleştirmişti. Üniversitedeyken, önce dinde kendisine yer arayarak başlayan yolculuğu, orada kendisine yer bulamayınca zamanla agnostiklerin yanına doğru kaymıştı. Agnostikler bedenlerini ve hayatlarını tamamen rahat bırakıyorlardı. Diğer tüm dinlerin beden üzerindeki pelerinli seyahatinden sonra Altan rahat etmişti. Ama yine de başı sıkıştığında, mutsuz olduğunda kişisel Tanrı'sını –onu olduğu gibi seven ve kurallara bağlamayan, özgür bırakmış– arıyordu içinde bir yerlerde, zaman zaman buluyordu da. O zamanlar şöyle bir karara varmıştı kendi kendine: "Tanrı'yla yaşamak da çok zor, Tanrı'sız yaşamak da." Ancak Müslüman olmadığını da çoğu insandan gizlemişti. Çünkü bir gün agnostik olduğunu annesiyle paylaştığında annesi, "Ben sana bir şey diyemem. Ama bence inanmalısın. Ve unutma ki burası Müslümanların çok olduğu bir ülke. Aile içinde, komşularla, benim çevremle, benim yanımda bu durumunu konuşmazsan sevinirim," demişti. Yani, "Gizlen, saklan, gözümüze inancınla gözükme," denmişti Altan'a.

"Nedenini siz de bilmiyorsunuz muhtemelen," dedi Altan gülerek. Sonra konuyu uzatmak istemediğinden değiştirdi. "Bu arada ben Meryem'e evlilik teklifi etmişim, bugün Meryem söyledi."

Masaya bir sessizlik ve sessizliğe eşlik eden şaşkınlık yayıldı.

Annesi dönüp, "Gerçekten mi?" dedi. Yüzüne neşe oturmuştu.

"Evet," dedi Altan. "Bilmiyor muydunuz?"

İnci Hanım, Altan'la Meryem'in ilişkisini biliyordu tabii ki ancak evlenmek istediğini hatırlamıyordu. Bir keresinde Altan'a Meryem'le evlenip evlenmeyeceğini sorduğunda, Altan, "İleride," demişti sert bir tonda ve konu derhal kapanmıştı. O zamanlar Altan çok istekli görünmediğinden oğlunun üstüne gitmemiş, bu konuda kenara çekilmişti.

"Biliyorduk," dedi İnci Hanım. Sait, İnci'nin yalan söylediğini anlayıp kaşlarını yukarı kaldırdığında İnci gözlerini

117

büyüterek, "Sus," demek istedi. Babası da hareketini okuyarak anladı ve onayladı: "Biliyorduk. Sadece ne zaman olacağını bilmiyorduk."

Gerçekler ve yalanlar birbiriyle çiftleşip, birbirinin içine girip çıkarken, Altan o gece, babası yüzünden "istenmeyen" bir kimliğe sahip olduğunu düşündü. Onu suçlamak istedi. Oysa suçlunun babası olmadığını hafızasını kaybetmeden önce çok iyi biliyordu. Asıl suçlular başka yerlerdeydi. Daha görünmez yerlerde. Kendilerini hiç suçlu zannetmeyenlerin tarafında. Zaten kendilerinin suçlu olduğunu düşünmeyenler en suçlu olanlar değil miydi her zaman? Annesinin kimliğinde de barınmak istediğini söyledi içinden. Çünkü o zaman manav haklı çıkacaktı. Ama şimdi, manavın "başka" dediği kimliklerden birine sahipti. Ne demişti: "Başka ne olacaksın, Türk'sündür."

Neden babasının kimliğini taşımak zorundaydı insan? Neden tek bir kimliğe sahip olmak zorundaydı? Kim belirliyordu kimliğin zorunlu tanımlamalarını? Var mıydı böyle bir esaslılık? Ve diğer soru: Neden herkes Türk olmak zorundaydı ve manav neden Altan'ın "başka" olma ihtimalinden bile korkmuştu? Bu soruları, manavın gözünde "başka" kimlik olduğu için değil, babasının kimliğini annesininki karşısında eşit olmayan bir şekilde benimsediği, ikili bir kimliktense tek bir kimlikle yaşamını kurguladığı ve adamın yüzünde gördüğü tedirginlik için soruyordu. O surata çarpmak başlatıyordu kimliklerin bunalımını ve beraberindeki gizlenme süreçlerini. Herkes doğuyor, babasının kimliği neyse, onu devam ettirerek yaşamını sürüyordu. Anneler, yani kadınlarsa, yoktular. Sadece şöyle yazılıyordu onların varlığı: Anne Adı: İNCİ.

Oysa onu annesi doğurduysa, o zaman annesinin kökleri, geçmişi, kültürü de en az babasınınkiler kadar kıymetli olmalıydı. Devletler bunu önemsemiyorlar mıydı? "Demek ki dünya böyle bir yer," diye düşündü gece, odasının boya zamanı gelmiş tavanına bakarken. "Saçma bir yer."

Babanı seçemediğin gibi, hangi milletten olduğunu da seçemiyorsun. Ülkeni de seçemiyorsun devletini de. Onlar seni seçiyorlar ve seni hayata getiriyorlar; her şey baştan sona kadar ayarlanmış yani, kodlanmış. Sen de kodlarını yaşamakla mükellefsin. O gece bu sorularla boğuştu. Aslında hepsinin cevabını biliyordu. Ama unutmuştu. Diğerlerinin arasına katılmıştı böylece; unutanlar, bilmek istemeyenler, bildiği halde bilmiyormuş gibi yapanların arasına... Şimdi tek düşündüğü, manavın "Başka ne olacaksın?" sözü, tiksintiyle korku arasında bir açılıp bir kapanan bakışları, Türk değil Kürt olduğu, Meryem'le evlenmek istememesi ve yarın Fırat'tan kendisine dair neler öğreneceğiydi.

Şimdiye kadar öğrendiklerine göre:

Baba tarafından Kürt'tü. (Babası diyordu.)

Müslümandı. (Annesi, babası ve manavın ortak kararıydı.)

Meryem diye bir kadınla beraberdi ve evlenmek istiyordu. (Meryem anlatıyordu.)

Üniversitede akademisyendi. (Odasındaki belgelerinde yazıyordu.)

Yabancılardan nefret ediyordu. (Meryem böyle anlatmıştı.)

İyi bir çocukluk geçirmişti. (Eğer böyle bir şey varsa, ki annesi olduğunu söylemişti.)

8

Hikâyenin bu kısmına kadar çok az kişinin başına gelen şey olmuş; Altan önce kim olduğunu unutmuştu. Daha sonrasında kim olduğunu öğrenmişti.

Ama bazı insanlar kendileriyle tanışamazlar.

Bilhassa tanıştırılmazlar.

9

Öğle saatlerinde evden çıkmak için hazır, kapıya doğru yönelirken salonda oturan annesine, "Ben gidiyorum," dedi Altan.

"Nereye?" diye seslendi annesi. Ayağa kalktı.

"Söyledim ya. Fırat'la görüşeceğiz."

"Söylemedin."

"Söyledim dün."

İnci Hanım okuma gözlüklerini çıkardı, eline aldı.

"Hayır söylemedin ve benim tanımadığım insanlarla görüşmeni istemiyorum. Fırat kim? Ben tanımıyorum. Mutlaka bilirdim arkadaşlarını."

Altan allak bullak olmuştu. Bu hissiyatı ilk kez tadıyordu damarlarında. Dün annesine söylemişti. Çünkü eve gelmeden önce Fırat onu aramış, konuşmuşlardı. Şimdi nasıl oluyordu da annesi ona hiç söylememiş gibi davranıyordu? Yoksa gerçekten söylememiş miydi? Ve annesi Fırat diye birini neden tanımıyordu?

"Anne, dün söylediğimi hatırlıyorum. Söylemediysem de Fırat diye akademiden bir arkadaşımla görüşeceğim."

"Bence görüşmesen iyi olur."

"Neden?"

"Nedeni yok. Çünkü biz tanımıyoruz."

"Senin tanımaman, benim görüşmememi mi gerektirir?"

"Evet," dedi annesi. "İstanbul'da bin bir türlü insan var. Hırlısı, hırsızı. Bu adam kimdir, bilmiyoruz. Ben senin arkadaşlarını hep tanırdım, bilirdim. O yüzden şaşkınım. O gelsin buraya. Olmaz mı? Burada oturursunuz."

Pazarlığa yanaşmayan Altan, "Olmaz," dedi. "Beni okulda bekliyor, şimdi gitmek zorundayım."

Kapıyı açtı. Hem annesinin hem de kendisinin bilmediği biriyle tekrar tanışmak için yola koyuldu.

Yol, Altan için yirmi dakika sürdü. Annesi için iki hafta. Fırat içinse iki ömür gibi...

10

"Biliyor musun beni hatırlamamana üzülmüyorum," dedi Fırat, üniversitenin restoranındaki masalardan birine oturduklarında. Etraftaki öğrencilerin gürültüsü konuşmalarını sabote ediyor gibiydi. Restoranın açık mutfağındaki tavaların sesleri, "Hazır," diye bağıran beyaz önlüklü aşçılar, sandalyelerin yer değiştirme patırtısı, "Boş mu bu?" diye soranlar, birdenbire atılan volümü yüksek kahkahalar, ardı arkası kesilmeden bir köşede bitip diğer köşede başlayan burun çekmeler, telefonlara gelen bitmeyen bildirim sesleri, kapı açılıp kapanınca içeriye dolan soğuk havanın yüze tokat gibi vuran etkisi... Ve nihayet, Altan'ın karşısında Fırat.

"Eminim karşına gelenler, kendilerini senin tarafından unutulmuş olarak gördükleri için üzülüyorlardır. Ama ben haberini aldığımda üzülmedim. Yeni bir başlangıç diye düşündüm," diye söze başladı Fırat. "Hem zaten çoğu insan sadece kendisi için üzülüyordur. Senin için bile değil."

"8 numaranın yemeği hazır..."

"Pardon, geçebilir miyim?"

"Şarjınız var mı?"

Altan, Fırat'ın hem ailesinden hem Meryem'den hem de Yeniköy'deki manavdan farklı olduğunu oturur oturmaz anlamıştı. Tavrı, mimikleri, konuşması, elinin üstündeki minimal dövmesi, saçlarının dağınıklığı, söylediği cümleler... Sanki hayatı diğerleri gibi sıkı sıkı avucunda tutmuyordu da, daha gamsızdı; her şeye daha az aldırış ediyor gibiydi. Hayatı bir deniz kenarına bırakmış gibiydi, kendiliğinden yüzsün diye. İlk kez "başka" biriyle karşılaştığını, karşısında oturanın önceki tanıştıklarından farklı biri olduğunu hissetmişti Altan. Acaba Fırat'la herkesten önce tanışsaydı da böyle hisseder miydi? Ama ne olursa olsun, Altan böyle cümleler beklemediğinden afallamıştı.

"Şimdi neden böyle diyorsun, anlamadım. Neden kendileri için üzülsünler? Benim için üzülüyorlar," dedi Altan. "Bu ülkeyi, bu şehri bile hatırlamıyorum. Yerimi yurdumu, ayakkabı numaramı bile hatırlamıyorum. Bunun için üzülüyorlar."

Garson cümleyi böler gibi yaklaştı. "Hoş geldiniz. Menüleri bırakıyorum..."

Menüler ellerindeyken dur durak bilmeden konuşmaya devam ettiler.

"Elbette üzülüyorlar ama tamamen hafızanı kaybettiğin için değil. Nasıl anlatsam sana... Yani, mesela kendini hatırlamadığın için üzülüyorlar mı sence? Daha çok, onları hatırlamadığın için üzülmüyorlar mı? Sana, 'Senin için yaptıklarımızı geri getir,' diyorlar, hatıraları geri getir. Sen de onları belleğinden seçip kolayca getiremediğin için üzülüyorlar. Sana üzüntüsünü gösteren herkes, az da olsa öfkesini de gösterir Altan. Bunu bil, şimdi öğren ve hiçbir zaman unutma."

Konuşmasını hiç kesmeden, hızlı hızlı devam ediyordu Fırat.

"İnsanlar zaten öyle her şeyi hatırlayanı sevmezler ki. Ne sanıyorsun sen insanları? Bazı şeyleri hatırlamazsan insanlar tarafından bilhassa daha çok sevilirsin, özellikle daima unutarak yaşayan ülkelerde. Hele şimdi... Sadece dakikalarca süren duyarlılıklar, anlık gelip geçen, suya yazılan haberler, kanıksanmış ekonomik krizler, alıştırılmış depresyonlar... Hepsi hızlı ölümler gibi, hepsi kısa ömürlü. Mesela ülkelerinin tarihteki yanlışlarını, insanların birbirine yaptığı haksızlıkları ve hukuksuzlukları, hiç çekinmeden ve utanmadan söylenen yalanları, birbirine düşmanlıkları da unutman insanların hoşuna gider. Bazı şeyleri unutursan sevilirsin, hatırlatırsan değil. Bu yüzden sana yaptıkları hataları da hatırlamanı hiç mi hiç istemezler. Şunu da hiç unutma ki iki insanın nasıl bir ilişkisi olacağına, beraber neleri hatırlayacakları ve neleri hatırlamayacakları karar verir. İster dost ister aile ister romantik ilişki olsun, inan hiç fark etmez; bu hep böyledir. Sana üzülüyorlar zaten ama üzülmüyorlardır derken de bundan bahsediyorum. Bilmem anlatabildim mi?"

Altan sorusuna cevap vermedi. Kimse daha önce onun söylediklerinden bahsetmediği için pürdikkat dinliyor, Fırat'ın etrafındaki her şeyi bulanık şekilde görüyordu. Fırat, Altan'la eskiden yaptığı bu tarz konuşmalara, sanki aralarındaki ilişki hiç boyut değiştirmemiş, hiç "eskimemiş" gibi devam etti. Bunu yapmak istiyordu çünkü tam da buydu özlem duyduğu, günlerinin içinde hüzünle aradığı. Hiç eskimeyecekmiş zannettiği bir anıyı, bir sahneyi gözlerinin önünde canlı tutma, renklendirme, sürekli yaşatma, geri getirme çabası...

"Karşılarına birini oturt mesela. Neyi hatırlıyor, neyi hatırlamıyor? Bu çok önemlidir. Çünkü kelimeler, aslında hepsi birer hatıradır, bir torbanın içinden birer hatıra seçimi. İnsanlar birbirlerinden duyduklarına dikkat ettikleri gibi hiç duymadıklarına, hiç duymayacaklarına da güvenirler habersizce. Bu yüzden de herkes her şeyi hatırlayanı sevmez bu ülkede. Unutanı sever, unutup yoluna devam edeni; hafızasının fil değil, balık olanını sever. Şimdi senin çevrendekilere acı veren olay farklı ama yine de en çok onların senin üzerindeki emeklerini, çabalarını, yatırımlarını hatırlamadığın için mutsuzlar. Kendilerini nasıl bilmeni istemişlerse, sen artık onu bilmediğin için mutsuzlar. Ama bir yandan da sana yaptıkları kötülükleri, yanlışları hatırlamadığın için bilhassa mutlulardır."

Dağınık kahverengi saçlarını arkaya doğru atarak düşünceli gözlerle etrafı seyretti Fırat. Ve o sırada yanlarına kararlarını duymak için gelen garsondan iki çay istedi.

"Ne var ne yok, iyiyiz biz de, biri büyük bardakta, seninki nasıl, büyük, aynen onunki de büyük olsun, iki tane, ortaya da küçük bir cheesecake, çikolatalı, olur değil mi yeriz, olur, burası çok güzel yapar, tamamdır onu da alalım, zahmet olacak sana, eyvallah sağ ol, menüleri de götürebilirsin."

"Ne diyordum? Üzülmüyorum yani, onu diyordum. Bilhassa seviniyorum. Belki yeni bir doğrultuda gelişir aramızdaki ilişki. Yeni bir zemine oturur. Ne dersin? 'Her şeyi unutalım, tekrar başlayalım,' diye birbirine yalvarıp duruyor insanlar. Sanırım ikimizin başına tam olarak bu geldi."

Güldü, dişleri ilk defa boylu boyunca göründü, çok güzeldi.

Altan, Fırat konuştukça onun çevresindekiler gibi biri olmadığını anladı. O, başka biriydi. Kesinlikle "başka".

"Bak şimdi kulağına garip geliyordur söyleyeceklerim ama bir aile, sence neden çocuk yapar mesela? Çocukları bir amaca hizmet eder onların yaşamlarında, bir yeri, bir boşluğu doldurur. Zamanla da onların heykeli olur, kendileri o heykeli elleriyle şekillendirirler. Sen şimdi ailenin çocuğusun ama onları hatırlamayan bir çocuk. Onları hatırlamayan, onlara yüzünü çevirmiş, artık onlara doğru bakmayan bir heykel. İşte onları üzen bu. Nasıl oluyor da onlara bakmıyor, onları görmüyorsun? Acıtıyor bu onların canını. Ama bilmiyorlar ki onların da seni görmedikleri, görmek istemedikleri, bakarken görmedikleri çok olmuştu, hem de çok. Biraz yaklaş, bir şey daha söyleyeceğim sana."

Altan yaklaştı.

"Çocuk ana rahmine düşer düşmez başlar ailelerin tedirginlikleri," dedi. "Kadın rahminin esrarengizliği, oraya çocuk düştükten bir zaman sonra oranın artık kontrol edilemezliği, çocuğun aileye karşı ilk başına buyrukluğu ve çocuğun kim olacağını bilmeyecekleri duygusu çıldırtır aileyi. Önce cinsiyetini, daha sonra orasını burasını merakla öğrenmeyi beklerken hop oturup hop kalkarlar. Neye benzeyecektir, ailede kime çekecektir, nasıl bir bahtı olacaktır? Bunlardan keyif alıyormuş gibi görünseler bile, çocuk onların istemediği bir şeye dönüşür mü diye tedirgin edici bir duygu ömür boyu sürer anneyle babanın arasında bir yerlerde."

Fırat'ın bu cümlelerini dinlemek, Altan'ın aklına, "Bu adamla neden tanışıyordum?" gibi sorular getirmişti. Hem şu az önce dediği ne demekti? Nasıl *bakıp görmezdi* ki insan? Fırat'ın söylediklerinden biraz da rahatsız oluyordu. Sanki ailesini kötülüyormuş gibi geliyordu ona. Fırat sanki Altan'a ailesini sorgulatıyor ve onu kışkırtıyordu. Ama nedense masadan hiç kalkmak istemedi, kalkmak aklına bile gelmedi Altan'ın. Ailesi neden tedirgin olacaktı ki?

"Hiç böyle düşünmemiştim," diye araya girdi Altan. "Farklı şeyler düşündürtüyorsun bana şu an."

"Düşünmek sevilmez. Düşünmek öğrenilir. Düşünmek sabah akşam çalışılır... Ve bana böyle düşünmeyi biraz da sen öğretmiştin," dedi Fırat. "Saatlerce sohbetler ederdik. Senin en sevdiğin şeydi düşünmek, düşünmek için çalışmak ve sonra anlatmak, özellikle her şeyin fenomenolojisini yapmak..."

Böyle şeyler düşünen biri olmak, ona sanki aykırı gelmişti. Altan nasıl biriydi gerçekten? Bunu ailesinden öğrenmeye çalışmıştı ama ailesi daha farklı birini anlatmıştı. Daha monoton, sorgulamadan uzak, işinde gücünde biri. Tekdüze bir hayatı olan, daha kısa ve daha net, daha her şeyi belirgin... Kendisine doğru, bilmediği yönlerine doğru, hiç bilmediği bir ülkenin denizinin kumsalında yürüyormuş gibiydi şimdi.

"Sana düşünmeyi mi öğrettim?"

"Evet, sen öğrettin. Disiplinli bir şekilde felsefeyle ilgileniyordun. Siyaseti bitirdin üniversitede ama felsefeyi hep çok severdin. 'Çünkü,' derdin üzerine basa basa, 'felsefeyi bilmeden insanı bilmek, yaptığı siyaseti bilmek imkânsızdır! Felsefe olmasaydı bu kadar itaat eden insanın neden itaatsiz olamadığını anlamakta çok zorlanırdım.' Aynen böyle demiştin. Söylemediler mi sana felsefeyi çok sevdiğini?"

O sırada restoranın camının arkasında kalan, binanın üzerinde dalgalanan afişi fark edince, "Bak, ikimiz bura-

130

da tanıştık, bak görüyorsun değil mi, şuradaki kampüste," dedi. Eliyle kampüsü işaret etti. Altan'la beraber uzun uzun binaya baktılar. Kapısından girip çıkan onlarca öğrencinin kimi kaygılı kimi neşeli kimi de telaşlı görünüyordu. "Ne kötü, sen buraya baktığında başka bir şey görüyorsun, ben başka," dedi Fırat. "Senin gördüğün taş bir bina, benimkiyse doludizgin bir hatıra."

Altan üzüntüye benzer bir ifadeyle başını çevirdi, Fırat'a döndü. Onun hayal kırıklığını paylaşamadığı, onunla aynı yörüngede olamadığı için üzüldü. Sanki Fırat kendi üzüntüsünü bir kelimeye sığdırmıştı ama ona sorsanız hiçbir kelimeye sığmazdı üzüntüler. Kelimeler hep yarım kalırdı duyguları yansıtırken. Yani kelimeler daima eksik ve kusurlu; duygularsa daima tam ve kusursuzdu. Duygular, kelimelerin dışına taşarak var olurlardı. Başka yerlerde, kelimelere gereksinim duyulmayan anlarda...

Siparişleri nihayet masaya gelmişti. "Buyur lütfen, afiyet olsun," dedi Fırat. Altan sessiz kaldı. Çikolatalı *cheesecake*ten merakla bir çatal aldı. Ağzına attı. İlk kez yiyordu. Fırat'sa önceden ders aralarında birçok kez burada buluşup yediklerini hatırladı. Belki yüz kez yemişlerdi ve aynı masada oturmuşlardı.

"Sen anlat biraz da," dedi Fırat. "Oturur oturmaz konuşup durdum. Şimdi neler biliyorsun kendin hakkında? Nasıl ilerliyor sürecin?"

*Cheesecake*i ağzında dolaştırıp yuttuktan sonra konuşabildi Altan.

"Otuz beş yaşındaymışım. Erenköy'de doğmuşum. İlkokul öğretmeni bir annem varmış. Babam da devlet memuruymuş," dedi. Cümlesi bitince çayından bir yudum aldı. Başka neler bildiğini anımsamak için tabağın üstündeki çikolataya bakarak düşündü.

"Meryem..." dedi Fırat'ın yüzüne bakarak. "Meryem diye de bir sevgilim varmış."

"Aa, öyle mi? Ben bilmiyordum bunu," derken aslında biliyordu Fırat ama bilmezden gelmek doğru olan olacaktı.

"Gerçekten mi? Neden bilmiyordun ki? Seninle nasıl bir dostluğumuz vardı? Hem, bu arada nereden tanışıyorduk biz?" diye soruları sıraladı Altan.

"Gayet sıkı fıkıydık. Seninle akademiden tanışıyorduk. Az önce gösterdim ya. Burada tanıştık. Okulda... Ama bana hiç sevgilinden bahsetmemiştin."

"Anladım," dedi Altan. Fırat'la sıkı fıkıysa, ona neden bunu anlatmamıştı acaba? Neden gizlemişti ondan? İnsanlar sevgililerini birbirinden gizliyorlar mıydı?

"İyi miymiş bari ilişkin Meryem'le, nasıl gidiyormuş, seviyor muymuşsun?"

"İyiymiş. Yani... Meryem'e göre tabii. Ben hatırlamadığım için bir şey diyemem. İyi mi kötü mü, hiçbir şey bilmiyorum ki. Herhangi bir şey hissetmiyorum."

"Meryem'e göre olan, senin tarafından olanı biteni anlatmaz tabii," dedi Fırat. "Nereden bileceğiz ki belki de Meryem yalan söylüyordur."

Altan, Fırat'ın oturur oturmaz ailesi hakkında, şimdi de sevgilisi Meryem hakkında ileri geri konuşmasından hiç hoşlanmamıştı. Ama bir yandan da Fırat'ın meselelere başka yerlerden baktığını fark ettiği için, onun kelimeleriyle beraber düşünüp, nefes alıp vermeyi merak ediyordu.

"Neden yalan söylesin ki?" dedi Altan. Bugüne kadar kimsenin yalan söyleyebileceğini düşünmemişti. "İnsan sevdiğine yalan söyler mi hiç? Sonuçta beni sevdiğini söyleyen bir kadın Meryem."

"İnsan neden yalan söylemesin ki? Söyler tabii, gerekli bulunca hiç çekinmez, korkmaz. İnsanlar 'doğrucu Davut' diye isim vererek, sürekli onlara doğruyu söyleyeni de sevmez zaten. Belki de insan her şeyi unutunca, bir tarafının ne kadar karanlık olduğunu da unutuyor. Şu an sana olan da bu... Biliyor musun Altan, galiba yaşamda bir tek aşk insana, insan denen canlının iyi olabileceğini tekrar hatırlatıyor, bu yüzden de insan âşık oluyor. Tamamen bu nedenle, o iyiliğe olan özlemden dolayı yani. Sevdiklerinin dışında kalanların kötü olduğuna inanıyor artık herkes. Gerçi âşık olunca da insanın kötü olduğuna daha çok inanıyor bazıları. Şans işte... Sen de şanslısın sanırım, en başa, sanki bir romanın yazılmış ilk sayfasına geri dönmüşsün. Bunun değerini bilmeli belki de." Fırat cümlesi bitince tebessüm etti. "Oysa biliyor musun ne çok şey okumuştun insana dair. Ne çok..." Yutkundu, çayından büyük bir yudum aldı. Kollarını bağladıktan sonra konuşmaya devam etti. Çok şey okuduğunu annesi de söylemişti. Fırat'ın bunu doğrulaması hoşuna gitmişti. Ama Meryem diye bir sevgilisi olduğunu bilmemesi ve bunu doğrulamaması Altan'ı rahatsız etmeye devam ediyordu. Fırat'ın bir yandan yalandan bahsedip sonra diğer yandan âşık olmaktan bahsetmesi Altan'ın kafasını karıştırmıştı. Ne çok şeyi birbiriyle bağlantı kurarak anlatıyordu bu Fırat... Takip etmek zordu. Zorluğu da zikzaklı yollar gibiydi ama yolda olmaktan mutluydu.

"Dediğim gibi insan yalan söyleyebilir Altan. Bilmiyorum bunu duymak nasıl hissettirir ama... Seni aldatabilir de. En sevdiğin insan bile yapabilir bunu, en yakınındaki. Ama doğru da söyleyebilir, dürüst de olabilir. Bunu bilemezsin. Belki birini tanıdıkça az çok tahmin edebilirsin. Ama yüzde yüz diyemezsin kimse için. Anlayacağın yaşam, yaşam derken insan demek istiyorum, sürekli kontrol edilmeye çalışılan ama kontrolü imkânsız bir yerdir. Başına buyruktur, seni dinlemez, istediğin kadar kontrol etmeye çalış; rayından çıkmak ister, seni bambaşka yollara sokmak, şaşırtmak ister."

Yeni yaktığı sigarasından derin bir nefes daha çektikten sonra devam etti.

"İnsanlar birbirlerine yalan söylemesinler, hep güvensinler diye 'aile' oluyorlar. Aile de aslında hep var olmuş bir şey değil tarihe baktığında; yeni bir şey. Devletlerin istediği bir şey daha çok. Ama biliyor musun, kadınları en çok kocaları öldürüyor, en yakınındakiler yani. Uzağındakiler, yabancılar değil de en güvendikleri, en çok, 'Bana kıyamaz,' dedikleri. Sonra da bu kadınlara ailenin öneminden bahsediyorlar bir de, utanmadan. İtaati, zorbalığı, tehlikeyi önemsemek ne garip değil mi, bir tek bana mı garip geliyor?"

Fırat birçok şeyi birbirine karıştırarak anlatmaya devam ediyordu. Çünkü Altan'la her şeyi konuşmaya hasret kalmıştı. Biraz da onu uzun zaman sonra görmenin hüzünlü telaşı, kelimelerin kendi aralarındaki kutlamasıydı konudan konuya atlayışına sebep olan. Altan o sırada şaşırıp duruyordu. Hayatın zorluğu karşısında, dinledikleri karşısında, oldukça kompleks gelmeye başlayan bir yeryüzü karşısında şaşırmaya devam ediyordu. Daha düz bir yer zannediyordu burayı, tıpkı çocukların herkesi iyi zannetmesi gibi izliyordu yaşamı. Ve Fırat haklıydı; insan sadece âşık olduğunda tekrar "iyi" biri olabileceğine inandırıyordu kendisini. Onun dışında sürekli tehdit altındaymış gibi yaşıyordu hayatı, iyi insanlar var mı ve ben yalnız mıyım soruları arasındaki uçurumda...

"Ben hiç en yakınımdakilerin yalan söyleyebileceğini düşünmemiştim," dedi Altan. Birdenbire, kendisi hakkında öğrendiklerini de tekrar düşünmesi gerektiğine inanmıştı. Yalanın ve gerçeğin ne olduğu konusu, zihnine hücum ederek dünyanın tepesinden yüreğine doğru bir çığ gibi düşmüştü. Oysa Altan, kendini bilmeyi sadece başkalarından dinlemek zannetmişti. Yakın çevresindekiler öyle yapıyordu. Annesi ülkenin durumunu bir ekranın içinden konuşan siyasetçilerden öğreniyor, Meryem gibiler kendilerini aileleri doğrultusunda çizip şekillendiriyor, babası da sistemin "değerli" bulduğu şeylerden ister istemez etkilenerek, o yönde hayaller kurarak rüyasına dalıyordu. Peki Altan kimdi? Altan bunu, yani gerçeği nasıl öğrenecekti?

"Gerçeğin ne olacağını, insanın seçtiği kelimeler belirler. Ve kelimeler Altan, o kadar tehlikeli ve büyülüdür ki sana bir tuzak da hazırlayabilir bir hazine de. Kelimeler insana rota çizer, sonra da peşinden sürükler... Hele de kimsesi olmayan, ona söylenen her şeye inanacak birine korkusuzca yalan söyleyebilir insan. Yalan söyleyenleri çok uzakta arıyor insanlar. Yabancılarda, kendilerini tanımayanlarda... Oysa bu insanlar en yakınlarında ama görmüyorlar. Diyeceğim o ki bugünlerde herkesi dinle elbet ama herkese inanma. Bu yalnızca benim fikrim tabii."

Yedikleri tatlı bittikten sonra Fırat dersine yetişmek için Altan'dan izin istedi. Fırat'ın anlattıklarından epey etkilenmiş olan Altan hesabı beklerken sordu.

"Peki, ailesi bile yalan söyler mi insana?"

"Neden söylemesin? Aile öyle gariptir ki devletin en küçük hücresi olarak sana tüm normları dayatır, özünü bile çalabilir senden."

Altan bu cümle karşısında kaşlarını kaldırdı. Devlet ve aile, tekrar yan yana gelmişti.

"Dilersen bu cuma günü tekrar görüşelim Altan," dedi Fırat. "Doyamadım konuşmaya."

Gözlerini Altan'ın gözlerinden hiç ayırmadan bakmaya devam etti.

"Belli ki henüz kendinle hiç tanışmamışsın. Çünkü bazı insanlar kendileriyle tanışamazlar. Bilhassa tanıştırılmazlar."

11

"Neden?" diye sordu annesi. "Çok mu önemli şeyler anlattı ki bir daha buluşacaksın onunla?"

"Evet," diye yanıtladı Altan.

Bu kelime, annesinin üstünde tüm ağırlığıyla gezinmiş gibiydi sanki.

"Bana bambaşka şeyler anlatıyor. Anlıyor musun? Sizin hiç anlatamadığınız şeyler. Ve bu hoşuma gidiyor."

12

"Ben Altan'ın bu Fırat'la görüşmesini hiç tasvip etmiyorum," dedi İnci Hanım, Sait Bey ona arkasını dönmüş, uyumaya çalışırken.

"Eskiden de duymuştum adını. Ne idiği belirsiz."

Sait Bey cevap vermedi.

Gecenin düşünsel cümbüşünde ayakta asılı kaldılar, bir türlü uykuya dalamadılar.

Tıpkı, bir zamanlar Altan'ı uyutmadıkları gibi.

13

Unutulmaması gereken kadim bir bilgi:

Bu tuhaf dünyada herkes kendini tanımak için eşit fırsata sahip değildir. Hem de hiç.

Sadece ezenler kendilerini kolaylıkla tanır.

14

Ve kapı açıldı.

Fırat'ın evine değil, Altan'ın kendine doğru açılan bir kapıydı bu, uzun zamandır beklediği...

"Hoş geldin," dedi Fırat. "Buyur, dışarıda kalma."

15

Akşam saatlerinde, fonda, ikisine eşlik eden Tindersticks'in *Both Sides Of The Blade* şarkısı çalıyordu. Fırat salonunda, konuşmaları sanki kulakları varmış gibi pürdikkat bekleyen iki kadehe şarap doldururken, "İnsanın kendini tanıması çok zordur," dedi. "Herkes kendini tanıdığını zanneder. İnanır mısın kendini hiç tanımıyorken bile öyle zanneder bazısı. 'Kendimi gayet iyi tanıyorum ben,' der sürekli. 'Beni benden daha mı iyi tanıyacaksın?' der. Kimileri de başkaları için, 'Onu en iyi ben tanıyorum, ben onun ciğerini biliyorum,' diyerek diğerleriyle yarışa girer. 'Ciğer' bile bilinir yani! Böylece birini en iyi tanıyan, en iyi bilen olmak; omuzlarda taşınan bir rütbe gibidir sanki." Elinde kadehlerle, Altan'ın yanına doğru salonda yürürken, "Ama bazı insanlardan kendini tanımaması, kendinin yerine başka biri gibi yaşaması özellikle istenir. Bu yüzden onlar için 'kendini tanımak' imkânsız hale getirilmiştir bile denebilir," diye devam ederek şarabı uzattı.

O sırada perde, rüzgârın etkisiyle içeriyi dışarıya bir gösterip bir saklıyordu.

Altan, Fırat'ın uzattığı şarabı aldı. Hemen yudumladı. Şarap içine doldu ve serinlikle deniz gibi yayıldı.

"Mesela benim hikâyem," dedi Fırat, üçlü koltukta, Altan'ın yanına oturduğunda.

Altan ilk kez biri kendisine dair bir hikâye anlatacağı için heyecanlandı. Fırat ise sanki Altan'la ilk kez karşılaşıyormuş gibi, yeniden tanışmanın heyecanını yaşıyordu.

"Ben çok küçük yaşlardayken babam öldü. Beş yaşındayken. Sene kaç o zamanlar? İşte seksenlerin sonuna doğru... Nesrin Topkapı'nın TRT'ye çıkıp dans edebildiği son zamanlar. İnsanların hastaneler yerine hâlâ evlerinde ölebildiği zamanlar. Her neyse. O zamanlardı işte."

Kadehini sehpaya koyduktan sonra devam etti Fırat.

"Hayalle karışık hatırlıyorum babamı. Net bir görüntüsü yok. İyi ki fotoğraflar var da anıları diri tutuyorlar," derken, "Neredeydi," fısıltıları doluyordu salona. Sehpanın üstünde üst üste duran on veya on beş kadar kitabın en üsttekinin içinden, kitap ayracı olarak kullandığı babasının fotoğrafını çıkardı ve kendisine dair bir parçayı bakması için Altan'a uzattı. Anılar birinin ellerine uzatıldığında ne güzeldiler; öyle olunca sanki anılar dokunulabilir, isteyince uzanılabilir oluyorlardı. Altan eline tutuşturulan fotoğrafa baktı. Sokaktan geçen biri bu fotoğrafı verse, Altan'ın tek gördüğü bir adam olacakken artık sadece bir adam değildi onun için, Fırat'ın babasıydı ve Fırat'ın acısı. Tanımanın insan üzerindeki dönüştürücü, sorumluluk verici ve aynı zamanda yıkıcı olan duygusal deneyimini yaşadı. Fırat'ın acısına, fotoğraf etrafında gezine gezine baktı. Annesinin kucağında duran küçücük Fırat ve annesinin omzuna elini gülümseyerek koy-

146

muş babasıyla bir aile fotoğrafı. Arkası da bembeyazdı fotoğrafın, "İstanbul, 1982" yazıyordu.

Bir fotoğrafa ve bir dakikanın içine ne kadar acı sığardı? Zaman mı daha çok acıyı sığdırırdı içine yoksa bir fotoğraf mı? Öylece durarak, Fırat'ın acısına ve İstanbul'da, orta halli birinin yalnız evinde, birlikte zamana baktılar.

Aile albümleri ve fotoğraflar, ne kadar demokratik ne kadar zengin ne kadar yoksul ve ne kadar eşit bir ülkede yaşadıklarını gösterirdi insanların. Fotoğraf tüm toplumsal dinamikleri açık eder, bakana fikir verirdi. Fotoğrafların çekildiği dönemlerdeki mevcut iktidarların politikasının da fotoğrafı çekilirdi bir nevi, onlar da okunurdu aile albümlerinde... Zenginlik ya da yoksulluk, yüzlerde gülümseme ya da suratsızlık. "Gülümseyin lütfen."

İki kişiyi birbirine bağlayan en önemli şey olan acıya ve zamana dikkatle bakarken buluşmuştu gözleri.

"İlk başlarda, yani çocukken üzüldüm onu kaybetmiş olmama. Çünkü babayı kaybetmiş olmak da çok dışlanan bir durum toplum içinde. Kaybedenlerin tarafına itildim hemen, çocuk yaşlardan itibaren. Ailesi olanların tarafından artık kovulmuş oldum. Sen bilmiyorsun belki ama evde anne ve oğul bir başlarına kalınca sanki 'eksik' bir aileymiş gibi görülüyorlar hep. Sen yokken arkandan, 'Onun yanında konuşmayın sakın bu konuyu,' diyorlar, hep bir hassasiyet meselesi dikiyorlar senin alnının ortasına. Yüzüne baktıklarında da onu görüyorlar hep. Bu eksiklik meselesi de çok ilginçtir. Mesela bir gün bizim eve geldiğinde dedemin, 'Artık baban olmadığı için bu ev bir aile evi gibi gelmiyor bana, bir şeyler eksik,' demesi bu yüzdendi... Annemle ben aile değil-

147

dik çoğunun gözünde. Eksiktik. Aile olmak, böyle eksikleri sürekli tamamlamaya çalışmakla, tamamladığını da hep sürdürmeye çalışmakla geçiyor. Bitmeyen bir çile aile olmak ve olamamak..."

Sessizlik oldu. Sessizlikte durup, içine yerleştiler. Az önce zamana baktıkları gibi, şimdi de sessizliğe bakıyorlardı.

"Ama alıştım zamanla. Hatta şimdi düşününce aslında babamın ölümünden çok, başkalarının soruları üzdü beni diye düşünüyorum, inanır mısın? Başkaları, o yasın kendisinden daha acı verici olabiliyor. Çünkü sürekli o yarayı soruyorlar sözleriyle; sözleri yoksa gözleriyle. 'Eksiksin sen, eksik,' diyorlar, hiç ağızlarını açmadıklarında, hiç konuşmadıklarında bile. Ne kadar üzüldüklerini sana söyleseler de hoşlarına gidiyor eksik olman. Kendilerinin bile bundan haberi yok tabii. Bunu asla itiraf edemezler, bilmezler de. Değişik bir haz duyuyorlar sanırım; hayatlarında şimdilik şükredecekleri bir sebep, bir dayanak olarak görüyorlar. Bana sorarsan Allah'a daha çok sığınmalarını bile sağlıyor başkalarının başına gelen kötü şeyler. Televizyonlarda ve gazetelerde kötü haberlerin dikkat çekmesi; en çok izlenen, en çok okunanların onlar olması biraz da bu yüzden. İnsanlar böylece kendi hayatlarında ne kadar güvende ve mutlu olduklarını hissediyorlar. Sence de öyle değil mi? Hep şükredecek bir şey arıyor bu insanların gözleri, bu yüzden bizim gibilerin acılarına derin derin bakıyorlar. Buram buram kokluyorlar acıyı, içlerine çekmeye çalışıyorlar. Ya da ne kadar üzgün olup olmadığımı izleyerek, ölmüş birini ne kadar sevmiş veya sevmemiş olduğumu anlamayı deniyorlar. Üzülmek ve birini sevmek sanki her zaman birbiriyle alakalıymış gibi. Bu yüzden, cenazelerde de kim, ne kadar ağlıyor diye bakıyorlar gözlüklerinin arasından. Ağlamayanı taşlıyorlar bakışlarıyla. Oysa hiç üzülmeden de sevebilir insan. Sevdikleri ölünce yas tutmak yerine kutlama yapan toplumlar var. Bilmezler ki. Sığ fikirliler ne anlar insan olmaktan."

Altan fotoğrafı tekrar kitabın içine bıraktı. Kitabın yazarı; *Emmanuel Levinas*, adı; *Zaman ve Başka*. Pek kolay okunmayan bir felsefe kitabı bu. Altan önceden okumuştu, şimdi bilmiyor, gözüne bile değmiyor kitap.

Fırat babasının geldiği yere tekrar gittiğini görünce devam etti.

"Ama sonra, epey sonra yani, büyüdüğüm yaşlardan bahsediyorum, bir gün Sartre okudum. Hoşuma gitti yazdıkları. 'Cehennem başkalarıdır,' dediğinde biraz tedirgin olsam da, kimi zaman hak versem kimi zaman hiç hak vermesem de okudum. Ve sonra okudukça öğrendim ki onun da babası ölmüştü, aynı Albert Camus gibi. Sartre on beş aylıkken, Camus on bir aylıkken kaybetmişlerdi babalarını. Neyse anlayacağın, ben okudukça iyice yakınlaştım Sartre'a. Aynı acıyı bilmek yakınlaştırdı bizi. Sonra babasının ölümünü nasıl gördüğünü de merak ettim. Mutlaka üzerine yazmıştır diye düşündüm. Emindim farklı bakacağından. Epey araştırdıktan sonra babasının ölümü üzerine yazdığı bir yazısını buldum. Nasıl yazmıştı? Dur hatırlayayım... Şöyleydi bak: *'Yaşamış olsaydı, babam, boylu boyunca üzerime çökecek ve ezecekti beni. İyi ki genç yaşta öldü.'* Aynen dediğim gibi, kelimesi kelimesine böyle yazmıştı. Bu yazısı dumura uğrattı beni o zamanlarımda. Günlerce döndü dolaştı kafamda bu cümle. Duştayken, araba kullanırken, okulda ders anlatırken, mutfakta çorba karıştırırken... Ve sonra sonra babamın yokluğu benim için keder olmaktan çıktı. Sartre sanki kederimi aldı, başka yere götürdü. Yerine ne koydu dersen, hâlâ bilmiyorum. 'Kabul' olabilir belki. En zor olan."

Fırat şarabını yudumladı tekrar. Biraz daha doldurdu kendine. Sartre hoşuna gittiği için onu anlatmıştı ama ilginçtir ki Amerikalı postmodern yazar Donald Barthelme, *"Artık babasız olduğuna göre bir babanın anısıyla baş etmek zorundasın. Çoğu zaman bu anı, hayattaki bir babadan daha güçlüdür; emredici, uzun ve sert konuşmalar yapan, evet ve hayır diyen bir iç sestir; bir tür ikili koddur. Evet hayır evet hayır evet hayır; zihinsel ya da fiziksel her hareketinizi, en küçük bir hareketinizi bile yönlendirir,"* diye yazdığında, bunu okumak Fırat'ı rahatsız etmişti. Bu yüzden bunu hatırlatmaya gerek yoktu, neden hatırladığını bilmediği bir duyguyla hiç istemeden –çoğu hatıra gibi– hatırlasa da.

"'Babamın ölümüne neden sürekli üzülmek zorundayım?' diye düşündüm." Barthelme de dinliyormuş gibi sesini yükseltti, odada yankılandı ses.

"Aslında ölüme sürekli üzülmem gerektiği de bana duygusal bir yerleştirme veya işte nasıl desem, duygusal beklenti gibi gelmeye başladı. Her şey bir yana, zaten babam yaşasaydı, maço bir adam olacaktı. Annem anlatıyor, yaşarken öyleymiş. Onu giymeyeceksin, bununla görüşmeyeceksin falan. Bu toplumdaki çoğu erkek gibi. Totaliter herifmiş. Yaşasaydı kesin benim de hayatıma karışacaktı, beni bile istemeyecekti belki, kabul etmeyecekti. Sartre haklıydı anlayacağın, şöyle demişti diğer bir yazısında, bak hiç unutmuyorum, etkilenmişim ya, hep aklımda, etkilendiğim cümleleri taşırım zihnimde oradan oraya.

"Ölmek her şey değildir, zamanında ölmek gerekir."
Her ne kadar Fırat, Altan'a yasını böyle anlatsa da babasının ölümünden ifade ettiğinden daha çok etkilenmişti. Tüm filmlerin baba-kız veya baba-oğul içeren sahnelerinin istisnasız hepsinde sinema salonunun karanlığında gözyaşı dökmesi bunun en büyük kanıtlarından biriydi. İzleyenler arasında ama karanlık sayesinde izlenilmeden ve görülmeden. Acı artık hayatının merkezinde olmasa da hâlâ vardı. Ama babasını böyle anlatmak, ona daha iyi geliyordu. Yalan söylemiyordu, sadece böyle olsun istiyordu. Bazı insanlar böyledir; aslında yalan söylemezler, sadece gerçek, diledikleri gibi olsun isterler. Bu yüzden gerçek, kimi zaman taklittir. Gerçek, çoğu zaman bir şeye *özenmektir.*

Ne olursa olsun, Fırat'ın baba kaybı Altan'a tuhaf gelmişti. Halbuki "kaybetmek" ve "kaybolmak" aynı kökten geliyordu. Onun babası evde, muhtemelen şu an salonda, televizyon karşısındaydı. Bunu düşündü. Altan, birini kaybetmiş olmayı hiç bilmiyorken, şimdi biraz olsun öğreniyordu. Acaba babası ölse ne hissederdi? Altan hayatında hiç, birini kaybetmiş miydi acaba? Ölüme üzülmek, o da öğreniliyor muydu? Hafızasını kaybetmemiş olsaydı Fırat'a "babalık" bağını bilmeden yaşayan topluluklardan da bahsedebilirdi. Babalığın toplumsal ve bireysel inşası hakkında uzun uzun konuşabilirdi. Hafızasını kaybetmeden önce annesi Altan'a, babası bir gün ölürse üzülüp üzülmeyeceğini sorduğunda, "Babasıyla çok vakit geçirenler, babaları öldüğünde onlarla çok vakit geçirdikleri için üzülürler; hiç vakit geçiremeyenlerse hiç vakit geçiremedikleri için üzülürler. Yani anlayacağın anne, bence tüm kayıplar hüzünlüdür. İnsanın her yerini köşe bucak kaplar ölümün hüznü," demişti. Şimdi ise geçmişini hatırlayamadığından sadece, "Sartre değişik bakmış olaya," dedi. Annesinin böyle düşünmeyeceğini bilerek seçmişti bu "değişik" kelimesini.

"Evet... Neyse devam edeyim hikâyeme. Çenem düştü içince. Bu gece çok konuşacağız!"

Gülümsedi Altan. "Lütfen, devam et."

"Annem büyüttü beni, benden küçük kız kardeşimle beraber. Tek başına. Ama annemler iki kız kardeşti. Yani bir de teyzem var. Annemler iki kardeş olduğundan ve anneme hem babası hem de annesi tarafından çok mal mülk kalmış olduğundan, hiç yoksulluk görmedim. Kız kardeşler arasında hep bir dayanışma gördüm. Babamın hamamları vardı, annemin de babadan kalma hanları, dükkânları. Babam ölünce annem onların kiralarıyla geçindi hep. Bu yüzden ben yoksulluk görmedim. Ama yoksulluk görmemenin büyük bir ayrıcalık olduğunu hep bildim. Bilirsin, çoğu insan bunu bilmez ve acımasız olur. Kolejlerde okudum. Zengin olması iyi bir insan olmasına hiç yetememiş, aksine onları daha acımasızlaştırmış, duyarsızlaştırmış olanlarla bir arada. Zenginler gibi asla liberal olmadım bu arada! Lütfen bunu belirtmeme izin ver. Annem de liberal değildi, babam da değilmiş."

Son cümlesinden sonra sesli güldü. Altan liberal ne demek, bilmiyordu ki.

"Neyse. Sonunda akademisyen oldum. Hayalim değildi hiç. Akademide olmam tamamen bir hınç meselesiydi. Çoğu insan gibi..."

Altan hemen söze girdi. "Hınç derken? Akademisyen olman neden bir hınç?" diye sordu.

"Çünkü okuldaki öğretmenlerin tutumlarını hiç beğenmiyordum. Cezalandırmalar, ayakta bekletmeler, küçücük çocuklara cetvelle vurmalar, tebeşir fırlatmalar... Hoşuma gitmiyordu. Olan biteni izlerken, 'Böyle olmamalı,' diyordum sürekli içimden. Öğretmenlerimden rahatsız oluyordum, hatta genelde onları sevmiyordum da. Hem onların statüsünde olmak istiyordum içten içe hem de asla onlar gibi olmamak, onlardan ayrışmak. Benim için küçük yaşlarda başlayan bu hayal, akademide hoca olmamla gerçek oldu."

"Bu arada çerez getiriyorum, unutmuşum," diyerek salonun içindeki mutfağa doğru yürüdü Fırat. Yerine tekrar döndüğünde, içi kuruyemişle dolu kâseyi ve şarap şişesini sehpanın üstüne koydu.

"Senin hikâyen farklıydı, benimki çok farklı. Ama ben okuldayken de, küçük yaşlarda erkek arkadaşlarımla futbol, basketbol oynarken bile biliyordum kim olduğumu. Kendimi yedi sekiz yaşlarındayken fark etmiştim. Sadece kimseye söylemiyordum. Hatta okulun basketbol takımındaydım. Epey ilerlemiştim, ödülümüz bile vardı takımla aldığımız. İçeride duruyor, sonra gösteririm sana. Anlayacağın beni kimse dışlamadı, seni dışladıkları gibi. Çünkü ben hep onlara benziyordum."

Altan dinlerken, "dışlanmış bir geçmişi" olduğunun iyice farkına varıyordu. Şaşırıyordu da. İlk kez öğreniyordu çünkü. Ailesi böyle bir geçmişi olduğundan değil bahsetmek, cümle arasında herhangi bir ipucu bile vermemişti.

"Sporla ilgileniyor, arada yalandan rol yaparak çok hevesli ve azgınmışım gibi kız kesiyor, hem aileme hem okuldaki arkadaşlarıma yalan söylemeyi öğreniyor, erkekler arasında dışlanmamak için kız arkadaşlar ediniyor, gizli saklı yerlerde onlarla buluşarak istemeden onların memelerini sıkıyor, öpüşüyor ve kızlarla buluştuktan sonra evin tuvaletinde böğürüyor; dışlanmamak için de bunları yaparken sürekli erkeklerle dayanışıyor, kendimi onlara ispatlıyordum. Sence ikiyüzlü olan ben miydim, beni buna mecbur bırakanlar mıydı? Bu, benim için hâlâ önemli bir sorudur. Her neyse. Anlayacağın o ki görünürde onlardan hiç farkım yoktu. Bu yüzden beni, beni derken işte gösteremediğim benliğimi anlamıyor, bu yüzden de beni çok seviyorlardı. İçimde bitmeyen bir merakla, mesela en yakın arkadaşım Şener hakkında, 'Acaba bilse, ona kendimi söylesem sever mi beni?' diye durduramadığım ve ansızın aklıma gelen sorularla boğuşuyor, her seferinde soruları cevapsız bırakıyor, boş vermeye çalışıyordum. Şimdi de pek yoktur sıra dışı bir tavrım farkındaysan, beni anlamaz çoğu. Anlamadıkları için de yine beni yalan söylemeye mecbur bırakırlar bazen... Gerçi çok fazla söylemiyorum artık ama mecbur kaldığım olmuyor değil. Mesela devlet dairelerinde, muhafazakâr çevrelerde, otel rezervasyonları yaptırırken... Say say bitmez yalanın mekânı. Sadece o zamanlar pek küfredemiyordum, hâlâ da çok etmem. Onlar sürekli küfrediyorlardı. Anaya, bacıya, sülaleye... Kutsal ne varsa. Özellikle maçta kaybediliyorsa, herkese, her şeye. Ben katılamayınca, bana da, 'Dilin mi tutuldu lan?' diyorlardı. 'Niye söylenmiyorsun?' diyorlardı. 'Yok be oğlum, analarını bellicez şimdi,' diyerek devam edip, geçiştiriyordum. Arada da göze batmamak için küfürler etmek zorunda kalıyordum. Ama en güzeli neydi biliyor musun? Soyunma odaları. Soyunma odası benim için cennetti cennet. Ne sevap işlemiştim de bu cennete düşmüştüm acaba, içimden bunu düşünüp gülerdim hep. Benim haremimdi erkekler odası. Sanki hepsi bana aitti. Ne zaman gitsem herkes soyunuyordu. Hepsinin vücutlarını çırılçıplak görüyordum. Bacakları, kalçaları, sırtları, kollarıyla her yerini görebildiğim onlarca erkek... Boylu poslu, farklı farklı kıvrımlı, çoğu iyi vücutlu. Daha ne isterim? Doya doya bakıyordum. Onlar anlamıyorlardı tabii baktığımı, beni bilmiyorlar ya. Şüphelenmiyorlardı bile. Ama aralarında birbirlerinin penislerini elleyenler oluyordu, şakayla karışık dokunuyorlardı birbirlerine. Ama o şakada bile birbirlerine ve bedene merak olduğunu biliyordum. Ben hiç yapmamıştım. Hatta hiç unutmuyorum, ilk aşkım basketbol takımındandı. Osman. Soyadı da şey. Unutmam. Unutmuş olamam. Neydi, neydi, neydi... Dur ya, hatırlayacağım. Bekle... Aaa... Nasıl unuturum? Hah. Turhan. Osman Turhan. Tabii o beni bilmediğinden, ben o zamanlar saklanarak var olduğumdan, aşkımı ne o bildi ne de başkaları. Karşılıksız aşk olsaydı bari... Platonik olsaydı. O bile olamadı. Söylenmemiş aşklardı bizimkiler işte. Söylenemeyen, doğamayan, canlanamayan, itiraf edilemeyen, ölü, cansız aşklar. Bizim gibilerden çocukluk aşklarını, kimilerinden de lise aşklarını bile çalarlar, izin vermezler... Hey gidi günler hey... Kim bilir nerededir şimdi Osman, umarım iyidir."

Altan kaşlarını kaldırarak dinlemeye devam etti.

"Toplumda her erkek ve kadının belli bir çizgisi vardır. Eğer o çizgi üstünde yürümezsen kovulursun. Sınır dışı edilirsin. Vatandaşlıktan çıkarılırsın sanki, gerçekten böyle olur. Beni dışlamamalarının nedeni buydu. O çizgi var ya, işte o çizgi belirler her şeyi. Abartmıyorum, her şeyi! Ona göre yapılanmıştır her şey. Meslekler, evlilikler, ilişkiler, aileler, dostluklar, anlaşmalar... Sen o çizgide yürümeyenlerdensen bildiklerini onlara varlığınla büsbütün sorgulattığın için seni yok etmek isterler. Sadece var olman bile onların bildiklerinin doğruluğunu yıkar. Sen hiç istemeden bile olsa onların doğrularına şüpheyi sızdıran kişi olursun. *'Erkek adam böyle yapar mı lan?'* Varlığınla insanların dünyalarında emin oldukları şeylere kocaman bir delik açarsın. *'Ne biçim erkeksin sen?'* Bu da onları delirtir. *'Erkek ol lan biraz, karı olma karı.'* Çünkü onlar hep emin olmak, her şeyi doğru bildiklerini, doğru yaşadıklarını bilmek isterler. Sen onların mevcut erkek ve kadın, mevcut 'doğru insan', 'iyi insan' ve 'normal insan' inanışlarını yıkarsın. Normalin normal olmadığını, doğrunun doğru olmadığını, iyinin iyi olmadığını, erkeğin erkek olmadığını, kadının kadın olmadığını gösterirsin onlara. Geçişlerden bahsedersin; uyuşmazlıklardan, akışkanlıktan. Ama anlaşılmıyorsan, bilinmiyorsan, sorun yoktur onlar için. 'Devam et,' derler. Benim, o dönemler senin gibi şeyler yaşamamış olmamın nedeni de bu."

Bu son anlattıklarını Fırat'tan öğrenmişti Altan... Ancak "Altan gibi şeyler" neydi? Henüz tam olarak bilmiyordu.

Altan, bir taraftan Fırat'ın konuşmasını dikkatle dinlerken bir taraftan da ona hayran oluyordu ama neden hayran olduğunu da bilmiyordu. Bunu sonra öğrenecekti.

"İşte böyle..." dedi.

"Seneler sonra, ailemde hiç akademisyen olmamasına rağmen, akademisyen olmaya karar verdim. İstanbul'da okurken kısa bir dönem Fransa'da devam ettim. Bak orada seninki gibi olmasa da bir dışlanma hikâyem oldu. Çünkü orada erkek bir sevgilim vardı, François. O da ben de saklanmıyorduk hiç. Türk olduğum da biliniyordu. Ve iki sebepten ötürü de laf atıldığı, arkamdan konuşulduğu, ezildiğim oldu. O yıllarda bazı nefretlerin coğrafi değil, evrensel olduğunu; coğrafyaya hapsedilen duyguların aslında politik ve kültürel olduğunu, evrensel olarak her yerde ezme ezilme ilişkileri olduğunu öğrendim. Bana göre konu hep insanları 'aynı'ya çekmeye çalışmakla alakalıydı. Ve en önemlisi de ezen ile ezilenin dünyanın her yerinde var olmasıyla ilgiliydi. Bu, ezen ve ezilen rollerinden kurtulamamayla alakalıydı."

Fırat soluklanır gibi duraksadı, sonra devam etti.

"Akademisyenlik, hayatıma vereceğim bir cevap olacaktı aslında. Bunu hep bildim. Bilerek okudum hatta. Anlıyor musun?"

"İyiymiş..." dedi Altan, kafasında yeni sorularla. Çok fazla bir şey söyleyemedi.

Devamında, gece boyunca Fırat, çocukluğunda annesinin yaptığı yemeklerden, biraz da kız kardeşinden bahsetti. Lise hayatı bittiğinde üniversite yıllarını anlatmaya geçti. Üniversite yılları bittiğinde yüksek lisans ve doktora programına başlamasından ve nasıl yükseldiğinden söz etti... Tabii bunlarla kalmadı; zengin olmanın bazen insanı ezilmekten koruduğuna, insanların paraya haysiyetten daha çok saygı duyduğuna, bunun acı bir şey olduğuna değindi. Paranın olmadığı bir dünyada yaşamak üzerine ütopyalarından bahsetti... Son konuşmasında da tekrar Fransa'yı anlattı.

Gece ilerleyince, o güne kadar yazmış olduğu iki kitabı Altan'a tanıttı. Salondaki duvara dayalı dev kütüphanesine gitti, üniversitelerde de önerilen iki kitabını getirdi. Biri "Fransa'da Yaşayan Türklerin Kimlik Bunalımı", diğeri de "Küreselleşme Çağında Göçmen Olmak"tı. Altan, kitaplarını görünce Fırat'a tekrar övgüler düzmek istedi.

"Sakın bana, 'Sana çok saygı duyuyorum,' deme," dedi Fırat, Altan ona güzel sözler söylediğinde.

"Neden?" dedi Altan.

"Birincisi, tüm bunları sen de çok iyi biliyordun... İkincisi de, bu konuları çalışmak zorunda kalmak, biraz da bugünün dünyasındaki insanların birbirine karşı kayıtsızlığı, zorbalığı ve saygısızlığıyla alakalı da ondan. Saygısızlığı çalışmak, saygı duymayı yaratmamalı."

Fırat, yıllar önce kitaplarını onun için imzaladığında, Altan şükranla bakmıştı Fırat'a. Aynı bakışla, tekrar baktı. Fırat onu aynı bakışla ikinci kez görünce onu bir kez daha sevdi ama bunu ne ona ne de kendine itiraf edebildi.

Ay ışığının parıltısı kendini Fırat'ın küçük Fransız balkonuna sarkıtırken konu tekrar Altan'a döndü. Çünkü Fırat kendi hikâyesini ona anlatsa da daha çok Altan'ı dinlemek istiyor, esas onun halini merak ediyordu.

"Neden unutur insan? Hiç düşündün mü bunu?" diye sordu Fırat.

"Hayır, düşünmedim."

"Neden unuttuğunu hiç düşünmedin mi?"

"Hayır."

"Peki, şimdi düşünsene. Neden unuttun onca şeyi?"

"İnan hiçbir fikrim yok. Zor sorular soruyorsun."

"Ben cevaplayayım mı? Sadece bir varsayım olacak ama."

"Lütfen."

"Çünkü yıllarca kendini unutarak yaşamıştın. Ve bunu kendine bir kez daha yaptın. Bu dünyadan kaçmak istedin. Bir zamanlar dünyadan gitmek istediğin, sınırlarda dolaşarak var olmak zorunda kaldığın için."

"Anlamadım?" dedi Altan, bu sefer biraz çekinerek.

"Anlatayım," diye cevapladı Fırat. "Biraz uzun sürecek ama."

"Anlat da bileyim Fırat."

Fırat'a ilk kez adıyla seslenmişti. Fırat yıllar sonra Altan tarafından adıyla çağrıldığını duyunca içindeki hüzün ve mutluluk birbirine dolandı. Ve anlatmaya başladı:

"Bu anlatacaklarımı sana benden başka kimse anlatamaz, öncelikle bunu bil. Bundan uzun zaman önceydi. İkimiz de henüz çok gençtik. Üniversitede okuyorduk, zaten orada tanışmıştık. O zamanlar çok hayalimiz vardı. Ama özellikle seninkiler hep kariyer hayalleriydi, başka hayallerinin olmaması ilgimi çekmesine rağmen bunu sana söylememiştim. Varsa yoksa akademik hayaller kuruyordun. 'Bu çocuğun ilişkileri yok mu?' diye düşünmüştüm ama başkalarının da merak etmesine rağmen sana sormak, konuşmak istemiyordum. Ailenle yaşıyordun, bense kendi evimde, tek başımaydım. Senin paran yoktu, benim vardı. Ama bu aramızda anlaşılmıyordu. Çünkü sadece okulda görüşüyorduk. Okul bizi o zamanlar eşitliyordu, devlet okuluydu; orası uçurumları fark ettirmiyor, tersine gizliyordu. Çok gençtik ama kendimizle tanışmak için de çok yaşlı. Gerçi ben kendimle senden çok daha önce tanışmıştım ama senin kendinden haberin yoktu. Kendini bilmiyordun. Bugün nasıl bilmiyorsun,

159

aynen böyleydin işte. Sadece kariyerine odaklanmıştın; para kazanmaya, akademide ilerlemeye. Bir şeyler garip geliyordu bana ama sana söyleyemiyordum. Neyse. Bir gün konuşmaya, benimle farklı bir şekilde dertleşmeye başladın. Bu arada ben anlıyordum ama. Anladığım, bir şeylerin ters gittiğiydi, aynı bir zamanlar bana olduğu gibi. Kaybolmuş gibiydin, öyle hissediyordum. 'Anlaşılmamaya çalışmayı' belli ki zaman içinde öğrenmiştin ve bunu sana öğretmişlerdi. Ama ben de anlamayı öğrenmiştim. Konuşmaya başladın benimle. Dertli değil de, nasıl anlatsam, çaresizdin. Doğru kelime bu olabilir. Çaresiz ve ürkektin. İlk cümlelerinde şöyle dedin bana: 'Ayna insanı göstermez, bazen de en çok o saklar.' O kadar tuhaf gelmişti ki bu cümle o zamanlar, dikkatimi çekmişti. Bugün bile her kelimesiyle hatırlıyorum, düşün nasıl etkilenmişim... Muhtemelen sen bana dair bir şeyler bilmeden söylediğin için ilgimi çekmişti. Sonra bana bazen aynada yarım saat kendine baktığından bahsetmiştin; bunu, kendini görmek için yaptığını söylemiştin. 'Deli miyim ben?' diye sormuştun bana. 'Bakıyorum, görmüyorum kendimi. Nasıl göremez ki insan kendini, kendine bakarken? Gözler işlevsiz midir ki?' Böyle sorgulamalar yapıyor, sorular soruyordun... Halbuki sebebi belliydi. Toplum seni asimile etmişti, beni ve birçok kişiyi de ettiği gibi..."

Altan kendisini Fırat'tan dinlerken çok heyecanlandı. Çünkü Fırat ona başkalarının anlatmadığı bir şeyler anlatacak gibiydi. Meryem'in, annesinin, babasının kullanmadığı kelimeleri kullanıyor, başka bir dünyaya sokuyordu Altan'ı. Bir insanı diğer insandan ayıran şey ne giydiği, ne içtiği, nerede oturduğu değil; dünyaya nereden baktığı, dünyanın hangi noktasında gezdiği, dünyayı hangi kelimelerle gördüğü, kelimelerle bir başkasını nasıl bir dünyaya doğru götürdüğüydü. Sıkıcı insanlar hep aynı kelimelerle aynı yerlerin etrafında dolaşıyor; diğer insanlarsa kelimelerle hudutları aşıyor, dünyayı ve kendilerini sürekli dolaşıyorlardı. Dünyada dolaşmak gibi, insanın kendi içinde dolaşması diye bir şey de vardı. Fırat'ın kelimelerinin onu götürdüğü yer, bambaşka bir yerdi. Sanki kendi evine doğru gidiyormuş gibi bir hisse kapıldı. Uzun bir yoldan sonra sonunda eve varıştı belki bu...

"Bana, 'Beni kendimle tanıştır,' dedin. O güne kadar hiç girmediğimiz, hiç konuşmadığımız mevzulara girdiğimizi; ikimiz için de o günün geldiğini hissetmiştim. 'Kendinle tanışmak nasıl olur?' diye sorduğumda, 'Başkasıyla olur,' dedin. 'Özgür insan başkasına bağlanandır. İnsan kendine mahkûmiyetten başkasına bağlanarak kurtulur.' Marcel diye bir varoluşçu felsefeci varmış, onu okumuşsun; o diyormuş bunları: 'İnsan, bağlanarak varolandır.' Ve sonra ekliyordun: 'Birlikte başkasıyla var olmak, kişinin kendisini reddetmesi değil, kendisini bulmasıdır. Ama beni başkasına bağlayan hiçbir şey yok. Birine bağlanamamanın ölümden ne farkı var?' Buna benzer şeyler anlatıyordun. 'Kendimi bilebilmek için bunları okumak zorunda kalmamalıydım,' demiştin sonra. 'Çok öfkeliyim, çok mutsuzum,' demiştin. 'Annem ya da babam kendisini bulmak için bunları okumadı, bilmedi. Arkadaşlarım da. Ben çok geç kaldım hayata. Ve hepsi; çevremdekiler, en yakınımdakiler, beni sevenler, hep iyiliğimi düşünenler yüzünden oldu. Herkes dünyamla arama girdi. Anlıyor musun beni?' Ağlayarak anlattın etrafında birçok insan varken yaşadığın kimsesizliği, kalabalığın biriktirdiği yalnızlığı, mutsuz hayatını, kendini perde arkasından seyredişini, bakarken bir türlü göremeyişini, hayatındaki sisli gölgeyi... 'Siyah bir perde var kendimle kendimin arasında,' demiştin. 'Başkasıyla da aramda perde var, onu göremiyor, bulamıyorum.' Paylaşımsızlık kahretmişti seni. Konuşamamak, kelimeleri senelerce içine doğru çevirerek yutmak, bazı kelimelerin varlığından bile hiç haberdar olmamak, onları duyamamak, bilememek, onlara ulaşamamak, kendini şeytanlaştırmak, çarmıha germek, kendine ve başkalarına karşı görünmez olmak, kendine bakarken görememek, bakılırken görülememek, yalnızca başkalarının bilmek istediği ve uydurduğu bir insanı bilmek, sırtında sadece onu taşımak, kendinden gitmek ve kendine nasıl geri döneceğini bilememek... Bunlar seni mahvetmişti. O gün ben seni dinledikçe, sanki üzerindeki sisten kurtuluyor gibiydin. Biraz olsun var oluyor gibiydin. İlk kez 'ikimiz' yan yana var oluyor gibiydik."

Sessizlik oldu tekrar. İkisi de sanki bir merdivenle sessizliğin içine indiler ve orada kaldılar bir süre. Sonra Fırat tekrar devam etti.

"'Dinlemek, sadece bir insanı dinlemek ve ona dosdoğru dikkatini vermek; birine iyilik yapmak isteyen, bunu ondan esirgememeli,' demiştim ben de içimden, o zamanlar seni dinlerken. Sonra, sana, 'Rahat ol lütfen, her şeyi anlat,' dediğimde kelimelerini, yani hatıralarını bir bir çıkardın, aramızdaki masaya serdin. 'Sana her şeyi anlatmalıyım,' dedin. Kelimeler usulca yanımıza uzandılar, dağıldılar, aramızda yüzdüler... 'Kendimi bilebilmem yirmi beş yılımı aldı,' dedin bana, pat diye, hiç lafı uzatmadan. 'Tam yirmi beş yıl bir ya-

162

bancıyla yaşadın mı sen hiç? Kim yaşamıştır ki?' diye sordun bana. Korkusuzca ve kızarak bakıyordun. 'Yaşamadım,' dedim. Gerçekten yaşamamıştım, bilmiyordum. Kendimi yedi, bilemedin sekiz yaşlarındayken fark etmiştim ben. Sendeki o haklı öfke bana tanıdık olduğundan, bana da bulaştı ve önce öfkelerimiz birleşti. Öfkelerin de birleştirebilme gücü varmış meğer. Hatta belki de iki insanı öfkeleri yan yana getiriyor hayatta. Özellikle bizim gibiler için öfke, birleştirici bir güç. O kadar hüzünlüydün ki... Dokunsam ağlayacaktın gerçekten Altan. Bu yüzden dokunmamı istiyordun sana. Ağlamak istiyordun. Ağlamak özgürleştirecekti seni. Ağlayamamaksa senin özgürlüğünü çalmıştı senden, hem de yıllarca. Kendini tanıma konusu o kadar uzaktı ki sana, ağlamak seni kendine yakınlaştıracakmış, yolunu açacakmış, bu yüzden çevrendekiler için her şey daha zor olacakmış ve hepsi bunu hissedeceklermiş gibi, kimse senin ağlamanı istememişti yıllarca: 'Sakın çocuk gibi, bebek gibi, karı gibi ağlama, erkek ol erkek.' Oysa senin tam da bebekler gibi tamamen özünü yaşamaya, bebeklerdeki o umursamazlığa, yaşamın başındaki o itaatsizliğe ihtiyacın vardı. Ve kadınlar gibi özgürce ağlamaya. 'Beni kendime bu toplum, bu etrafımızda dolananlar, bu yalandan gülenler, bu kendini ne olursa olsun sev diyenler, kendilerini hep iyi biri zannedenler, herkesi kucakladığını söyleyenler, her gece Tanrı'ya yakaranlar, kötü olduğunu aklına getiremeyenler, 'Niye sana öyle böyle diyorlar?' diyenler unutturdu. 'Bu insanların hiçbiri kendimi görebileceğim bir ayna vermediler bana. Verdikleri aynada da ben yoktum,' dedin. Bu cümlelerin o kadar dokundu ki bana, o gün benim de gözlerimi doldurdun. Bak, eğer roman olsaydık burayı okurken çok üzülürlerdi gerçekten. Nasıl bakılan aynada olmazdı ki insan? O aynada değilse neredeydi? Neyse ki o gün çok yağmur yağıyordu ve sen gözyaşlarımı hiç görmedin. Zaten ben de göstermek istemedim. Çünkü gözyaşlarımı sana göstermek için zamana ihtiyacım vardı. Bilirsin, birinin gözlerinin önünde ağlamak, mutlaka zaman ister... Ama sonra bir gün bana şöyle demiştin: 'Gözlerinde kendimi gördüm, orası benim kendimi gördüğüm aynam oldu. Hem aynam hem yuvam.' Neyse, bozmadan o günden devam edeyim. O gün, gece olurken kafeler de yavaş yavaş kapanıyordu. 'Başka bir isteğiniz var mı?' diyordu garson. Kalktık hızlıca. Konuşmaya ihtiyacın, tıpkı yağmura susamış ağaçlar gibiydi. Ben dinleyerek seni sulamış oldum, yağmur da yoldaki yaşlı ağaçları...

Beraber Teşvikiye'den Harbiye'ye doğru o yağmurun altında usul usul yürüdük. 'Umurumda değil ıslanmak Fırat,' demiştin. 'Yeter ki dinle beni.' Ben de dinledim saatlerce. *Dinlemek, birini sevmenin başladığı yerdir. Dinlememekse artık bittiği yer.* O sırada, aramızda sessizlik olduğunda adımlarımıza baktım. Sağ ve sol adımlarımızı aynı anda atarak yürüyorduk, anlaşmışız gibi. Hâlâ unutmuyorum. Ergenlikte bir kez olsun erotik bir rüya görememenden bahsettin uzun uzun. Rüyalarının boşluğu enteresan gelmişti sana. Trafik ışıkları yandığında, gecenin sessizliğini fark etmiştik, ailelerimizle aramızdaki sessizlik gibiydi. Ve yol yalnız ikimize kapatılmış gibi, beraber karşıya geçtik. Geçtiğimizde, 'İnsan ergenken rüyasında sevişir, değil mi?' dedin. 'Okulda herkes rüyasında seviştiğini anlatıyordu, hepsi, donlarına boşalıyorlarmış geceleri; anlatacak rüyam bile yok benim. Rüyalarımda bile yalnızdım. Rüyalarımda bile asimile edilmiş. Anlatacak rüyam olmadığı için bile dışlanıyorum. İnanabiliyor musun? Bu toplum rüyalarımda da beni yalnız bıraktı. N'apayım, ben de en sonunda çareyi yalan söylemekte buldum. İnsan rüyası için bile yalan söyler mi? Söylemek zorunda kaldım. Rüyamda kadınlar gördüğüm, onlarla yattığım yalanını uydurdum ben de,' dedin gülerek. 'Ama onu bile doğru düzgün anlatamadım. Oysa diğer erkekler ballandıra ballandıra, abarta abarta anlatıyordu. Çatır çutur sikiyorlarmış kadınları rüyalarında. Oysa ben çoğunun yalan olduğunu biliyordum. Çünkü hepsi sadece birbiriyle yarıştaydı. Erkekliğin atlı yarışında koşan yarış atlarıydı hepsi,' dedin. Daha sonra annenin lisede okuldan çağrılmasından bahsettin. Okul müdürünün annene neler söylediğini anlattın."

"Ben sizi şey konusunda çağırdım İnci Hanım. Oğlunuz hakkında konuşmak için. Nasıl anlatsam İnci Hanım. Bizler Altan'ı uzun zamandır gözlemliyoruz. Gözlem derken... Yok, öyle gözlem değil. Yani, izliyoruz demek istedim. Öncelikle oğlunuz Altan çok başarılı bir çocuk. Maşallahı var. Evet, notları gayet iyi. Ancak bazı gariplikleri olduğunu fark ettik. Siz de fark ettiniz mi? Fark etmediniz. Yani biz okuldaki davranışlarını... Nasıl anlatsam... Oğlunuz çok neşeli, şen şakrak, renkli olmasına renkli ve derslerden aldığı notlar gayet iyi. Ama okulda hep kızlarla takılıyor. Tüm arkadaşları kız. Pek gördüğümüz bir şey değil bu. Tek tük. Siz hiç bilmiyor muydunuz? İlk kez mi duyuyorsunuz? Yaa... Ben biliyorsunuzdur zannettim. Anladım. Evde fark etmediniz mi? Anladım. Yok, erkeklerle hiç takılmıyor maalesef. Hep *kızlarla. Yalan mı söylüyor size? Yok, hayır, sıra arkadaşı da kız. Evet. Kopmuyorlar birbirlerinden. Maalesef bu durum çok ilgi çekiyor İnci Hanım, herkesin ilgisini çekiyor yani. Size de oğlunuz yalan söylemiş sanırım. Olabilir. Ah, neden söylüyor acaba? Kim bilir İnci Hanım... Korkuyor mu acaba? Belki psikoloğa da götürmek iyi olur, durumunuz varsa. E tabii, ek bir masraf oluyor. Günümüz şartlarında pahalı. Haklısınız. Evet. Laf atan erkekler de oluyor. Teneffüslerde. Öğle aralarında. Üst sınıflardan da. Evet. Onların da ilgisini çekiyor. Evet atmamalılar ama atıyorlar işte. Atmamaları için oğlunuzun biraz tavırlarını değiştirmesi gerek bence İnci Hanım. Çocuklar böyledir, normal yani. Dalga geçerler. Evet kötü ama işte. Bana soracak olursanız sizin ailecek bir şeyler yapmanız gerekiyor çocuğunuz için. Yok, Altan'la hiç konuşulmadı da öğretmenler odasında oğlunuz hakkında çokça konuşuluyor İnci Hanım. Evet, öğretmenler odasında. İlk, matematik öğretmeninin çok ilgisini çekmiş. Fatih Bey'in. Evet o. Epey kilolu olan. İkrar soyadı. Tanışmıştınız değil mi? Anladım. Evet o Altan'ın hâlâ hocası. Bu arada siz evli miydiniz İnci Hanım? Tabii, doğru hatırlamışım. Peki İnci Hanım, size şeyi sorucam. Evde babası ne sıklıkta oluyor Altan'ın? Haa, her gün evde yani. Anladım. Yanlış anlamazsanız, gün içinde kaç saat evde oluyor peki? Anlıyorum, gayet normalmiş aslında. Babasızlıktan falan olur der kimisi, öyle de değil yani. Allah Allah... Neler yapıyorlar beraber gözlemleyebiliyor musunuz? Anlıyorum. Gayet görüyor yani babasını... Teşekkür ediyorum verdiğiniz bilgiler için. Peki babasını göremediği oluyor mu? Oluyor, hı hı... Sorularım bu kadar İnci Hanım. Hayır, başka sorum yok.*

Sizin eklemek istediğiniz bir şey var mı, not edeyim... Bu arada ileride değişir İnci Hanım, korkmayın, endişelenmeyin. Yani evet, önceden de böyle gördüğüm çocuklar olurdu. Değişirler. Düzelirler. Yok yok korkmayın. Yok, önemli bir şey de olmadı da, asıl mesele, okul oğlunuza uyarı vermeyi düşünüyor. Evet, uyarı. Yani böyle devam ederse... Sakin olun, şimdi değil İnci Hanım. Eğer böyle devam ederse uyarı alacak. Lütfen bu kadar tepki vermeyin. Babasıyla daha çok vakit geçirsin ve okulda erkeklerle dolaşsın. Biz sadece bunları istiyoruz. Okulun istediği bu, oğlunuzun diğer erkeklere benzemesi, onlarla gezmesi. Oğlunuz dikkat çekiyor İnci Hanım. Hayır, başkalarına da kötü örnek oluyor. Söylemeyecektim İnci Hanım ama başka aileler de oğlunuzdan rahatsız oluyormuş... İşte, kötü örnek oluyor diye veliler bize geliyorlar İnci Hanım. Tamam ben oğlunuzla ilgileneceğinizi ileteceğim. Okulca önerimiz bunlardı, size aktardım. Yok, okuldan atmak gibi bir durum söz konusu değil. İnanın bizler sadece ve sadece oğlunuz daha iyi olsun istiyoruz, tüm çabamız bu. Başka hiçbir gayemiz yok. Tabii ki, bizler de işimizi yapıyoruz ve sadece çocuklar iyi olsun istiyoruz, dediğim gibi. Tüm çocuklar iyi eğitim alsın. Aynen öyle. Okulun başka ne gayesi olabilir? Burası devletin önemli bir eğitim kurumu. Evet İnci Hanım, Allah muhafaza sonra zor bir geleceği olur. Haberlerde görüyoruz. Ne hayatlar var... Tek istediğimiz çocuklarımızın iyiliği değil midir, siz de öğretmensiniz, bilirsiniz... Peki tamamdır. Tabii ki. Estağfurullah. Müsaade sizin. Tabii ki... İnşallah görüşürüz yine. Sağ olun. Ben de size iyi günler dilerim. Sağ olun. Size deee... İyi günleeeğğr... İyyiiii günleeeeğğr. Sağ olunn..."

167

"'Siktiğimin geri zekâlıları,' demiştin bu konuşmayı aynen böyle diyalogla taklit edip anlatırken. İlk kez küfrettiğini duymuştum, şaşırmıştım çünkü ben yine edemiyordum. 'Hâlâ nedenler arıyorlar,' demiştin. 'Çözümler arayan, düzeltebileceğine inanan eğitimli aptallar sürüsü bunlar. Sizin verdiğiniz kıytırık eğitim size girsin. Size gelen velilerin aklına sıçayım. Sizin aldığınız eğitimler dönsün size girsin.' Gülmüştün bu kelimeden sonra. 'Çözecekler ya hani. Çözülmemiz, anlaşılmamız, bir nedene bağlanmamız gerekiyor ya hani! Zavallılar, sığ kafalılar, utanmaz arlanmazlar bunlar!' Sonra eve döndüğünde, dünya karşısındaki küçücük ve masum halinden, annenin seni uyardığından, 'Gözlerime bak, görüyor musun, adam olacaksın adam, erkek olacaksın! Anladın mı beni?' diye bağırdığından bahsetmiştin. Okul hayatın zorbalıkla ve bitmeyen işkencelerle, 'görünmez ol' öğütleri, 'adam ol adam' nidalarıyla geçmişti, öyle anlatıyordun hep. Ama dediğim gibi, aramızda önemli bir fark daha vardı. O da şu ki, benim evde huzurum vardı, annem uyarılmamıştı. Çünkü ben 'anlaşılmıyordum'. Ama senin ne okulda huzurun vardı ne de evde. İkisi de cehennemdi senin için. Öğretmenlerin cehennemi sarmıştı dört bir yanını. Sürekli emirler. Sürekli normlar. Sürekli itaat beklentileri. Ve sen kendini kanıtlamaya girişmiştin, öyle diyordun. Ben normalim, ben normalim, ben normal ve sizden biriyim, aynı sizin gibiyim. Ama değildin, değildik. Onların normali değildik. Olmayacaktık. Ve ben kendimi biliyordum. Onların normaline uymadığımı ve normallerin normal olmakla alakası olmadığını da. Bu yüzden ben senin kadar kafama takmıyordum çünkü ben zaten hiç 'anlaşılmıyordum'. Ama sen kendini de insanların

168

acımasızlığını da toplumun ne kadar karanlık olduğunu da henüz doğru düzgün bilmiyordun. Çünkü inkârla geçirmiştin yıllarını. İnkâr, seni sana unutturmuştu. Böylece sadece bir değil, iki şey acı veriyordu sana; onların istediği erkek olamamak ve kendi istediğin erkek olamamak.

Ama ben de senin gibi okuldan nefret ediyordum, biliyor musun? Şimdi düşünüyorum da... İkimiz için de okul, yaşadığımız ülkeyle tanıştığımız ilk yerdi. Sence de öyle değil mi? Ülkeyi görmek bizim için o zamanlar okula gitmekti. Öyle öğreniyorduk ülkemizin nasıl bir yer olduğunu, onu kimlerle paylaştığımızı. Ve inanır mısın, ben daha o zamanlar anlamıştım; ülkemiz bizi hiç mi hiç sevmiyordu. Ülkemiz sadece bizi ezmeyi seviyordu, bir de hep ezen olmayı. Bizden tek istediği de buydu; buna *katlanmamız*. Ve daha o zaman bize ihanet etmeye başlamıştı; en küçük yaşlarımızda, çocukluktan itibaren."

Konuşması bitecek gibi oldu ama söyleyecek birkaç cümlesi daha vardı.

"Anlayacağın o ki... İnsan hep unutarak yaşar aslında. Yalnız değilsin. Dışarıdakiler de sürekli unutuyorlar. Neyi unutuyorlar? İnsanın farklı ve başka olabileceğini... Böyle hikâyelerin uzaklarda, yabancılarda değil; çok yakınlarında, yakın çevrelerinde yaşanabileceğini ve yaşandığını."

Kadehinden bir yudum daha aldı. Artık ikisi de son yudumlara gelmişlerdi.

"Ama seniı unutmanın en önemli nedeni, seni sana karşı unutturan bir toplumda yaşaman. Seni kendilerine de hiç hatırlatmak istemeyen bir toplum burası. Başkasını her türlü asimile etmeyi kendine huy edinmişlerle yaşıyoruz. Zor be yaşamak, zor hakikaten. Neyse. Hadi Altan'ım, şerefe!"

"Şerefe," diyerek kadehini uzattı Altan. Kendisi karşısında çırılçıplakmış gibi hissetti. Ve Altan, Fırat'ın son cümlelerini duyduktan sonra kendisine bakmak için ayna bulmak istedi. Karşılarındaki duvarda asılı küçük aynayı gördü. Bu sefer yalnız değildi. Marcel yine haklı çıkmıştı: *"Kişi kendisini, ötekinden yola çıkarak anlar."* Ama Marcel şunu unutuyordu: Herkes, ötekiyle kolayca tanışabildiği bir toplumda yaşamıyordu.

Diğerlerinden farklıydı Fırat. Her şeyi doğru olarak anlatmıştı. Tek bir yanlış cümle söylememişti. Her şey anlattığı gibiydi. Demek insan isteyince, tüm 'doğru' kelimeleri seçip çıkarabiliyor ve tüm gerçekliğiyle kendini ortaya koyabiliyordu.

Fırat, her şeyi doğru olarak anlatmıştı anlatmasına ama doğru anlatması, eksik anlatmadığı anlamına gelmiyordu. Doğruydu ama eksikti. Çünkü insan her zaman, hatırladığını bile mutlaka ayıklayarak, bir kavanozun içindekilerden en güzelini seçer gibi davranırdı. Diğerleri kadar olmasa da, Fırat da Altan'ın her şeyi unutmasından faydalandı. Bunu kurgulamadı, planlamadı ama faydalandı... Mesela ettikleri kavgaların sebeplerini unutmuştu Altan –rakı masasında eski sevgilinin hatırlanması–, Fırat'ın yaptığı hataları –bazen hiç özeleştiri yapamaması ve suçlayıcı dil kullanması– unutmuştu; elbette kendi hatalarını da unutmuştu –güvensizlik ve güvensizliğin kardeşi kıskançlık– ama Fırat için en önemlisi son zamanlarında yükselen kavgalardı. İlişkinin sonu gelecek diye içini bir kuş gibi ürküten kavgalar yaşamışlardı. Altan'ı o kadar doludizgin seviyordu ki son dönemde yükselen kavgalarını unutmak, ilişkiyi olabilecek kötü gidişattan kurtarmak demek bile olabilirdi. Belki de olmuştu.

Altan'ın, bir hafta sonu beş kişilik yakın arkadaş gruplarıyla Heybeliada'ya eğlenmeye gittikleri günün gecesini unutması Fırat'ın hoşuna gidiyordu şimdi. O olay, az kalsın ilişkilerinin bitmesine neden olacak kadar büyüktü. Sonunda ilişkileri bitmemişti ama çatlamıştı kenarlarından, neredeyse komple kırılacaktı.

Fonda, Ferdi Özbeğen'den *"O Günler"* çalıyordu.

"Ne varsa her şey hatırımda
Sanki daha dünmüş gibi"

O gece, ikisini birbirine çok yakıştıran yakın çevreleriyle beraber gittikleri tavernadaki eğlence güzel ilerlerken Fırat'ın, gecenin sonuna doğru alkolün etkisiyle birdenbire eski sevgilisinden bahsetmesi her şeyi mahvetmiş; geceyi gergin, karanlık sulara sürüklemişti.

"Senden gelen senin olan
Ne varsa her şey hatırımda
Ay o günler, o günler
Şimdi yabancı gibiler"

Fırat eski sevgilisini hatırlamıştı çünkü gittikleri yer, onun eski sevgilisiyle gitmeyi en sevdiği yerdi. Bunu o gece masada bilen kimse yoktu.

"Bir günlük mutluluğa
Bir ömür alıp gittiler
Ne günlerdi, ah o günler"

"Özlenir tabii be abi, özlenmez mi eski sevgiğlliiii..." demişti Fırat, çalan şarkı birdenbire kesildiğinde; masada sadece çatal, bıçak ve kadeh sesleri kaldığında. Altan şaşkına dönmüştü. Masadaki herkes gözlerini Altan'a çevirse de o hiçbir şey yapmadan, "Şerefe arkadaşlar, şerefe, devam," demişti.

"Bir daha dönülse
Şu yalancı dünyaya
Bir ömür verirdim ben yine
Seninle bir günlük mutluluğa..."

O gece dönerken, vapurda Fırat hem rüzgârın hem de ilerleyen saatin etkisiyle sarhoşluğunu adada bırakmış olsa da düzgün konuşması ve kendince açıklama yapması Altan'ın öfkesini dindirememişti. Adada yaşananlar onlarla birlikte şehre geliyordu. Vapur ve vapurdaki tahta koltuklar sadece ikisini değil, rakı masasını da taşıyordu.

"Madem sarhoş olduğunda hâlâ onu hatırlıyorsun, neden benimle berabersin?"

Vapurdakiler, iki sevgiliyi değil, kavga eden iki kardeşi, iki dostu izler gibi göz ucuyla bakıyorlardı onlara. Halbuki Altan biraz da yüksek sesle, sevgili kavgası ediyordu besbelli. O sıra, sadece saçları yeşil, ağzında karpuzlu sakız çiğneyen, İstanbul'a ziyaret için gelmiş İrlandalı turist bir kız anlamıştı ikisinin durumunu. *They seem so nice and absolutely hot. I hope these lovers will be alright when they go back to the city.*

"Ne diyorsun Altan'ım, böyle şeyler deme lütfen, olur mu öyle şey..."

"Neden böyle konuştun o zaman? Neden onu hatırlıyorsun rakı sofrasında? Bana izah et, bileyim."

O sırada, Altan'ı annesi aramıştı.

"Efendim. Evet anne, Meryem'leyim. Sen niye uyumadın hâlâ? Demiştim ya, bu gece onda kalacağım. E biliyorsun zaten, söylemiştim, kaç kez söyleyeceğim anne. Tamam haber veririm. Tamam merak etme. İyi geceler. Yok, içmedik öyle. Yok, o kadar soğuk değil. O da sana selam söylüyor. Hadi görüşürüz."

Hemen telefonu kapadı.

"Bunun izahı yok. Uzatma lütfen Altan. Çok güzel bir gece geçirdik."

Gerçekten de bir izahı yoktu. Fırat, son zamanlarda eski sevgilisini bir iki kez dışarıda uzaktan görmüştü. Çünkü evleri birbirine yakındı. İki üst sokağındaydı. Muhtemelen bu yüzden, yani son zamanlarda gördüğü için söyleyivermişti. Ona dair bir his beslemiyordu içinde. *Sadece diğer insanlar gibiydi Fırat; yani unutmak ve hatırlamak daima beraberdi onun için de. Çünkü insan hatırlarken de unutabilirdi. Hatırlayarak, geriye dönüp bakarak; baktığı yerde artık onun olmadığını görerek unuttuğunu fark edebilirdi...*

"Sen mi karar vereceksin uzatıp uzatmayacağıma? Sanki bu öylesine bir meseleymiş gibi yapma."

"Konuştukça olayı büyütüyorsun. Büyütme."

"Asıl sen büyütmüşsün ki hâlâ rakı sofralarında onu konuşuyorsun."

Vapurun kalktığını haber veren düdüğün sesiyle, fokur fokur kaynıyormuş gibi gözüken denizköpüklerinin sesi birbirine karışırken, Altan'la Fırat da birbirine köpürmeye devam etti. İlk on beş dakikası kavgayla başlayan yolculukları yerini birinde sessizliğe, diğerinde surat asmaya bıraktı. Fırat yol boyunca ne diyeceğini düşündü (beni affet, şarkı yüzünden dedim, seni kızdırmak için dedim, seni seviyorum, özür dilerim), Altan'sa onu hangi cümlelerin rahatlatacağını (seni seviyorum, özür dilerim, beni affet).

Gecenin sonunda, beraber Fırat'ın evine dönmüşlerdi. Altan tüm gece uyuyamamıştı. Konu, "Uzatma, seni seviyorum," diyerek hemen uykuya dalan Fırat'ın cümleleriyle kapatılmaya çalışılmıştı. Ancak ikisi de biliyordu ki konu kapanmamıştı. Mutlaka başka bir vesileyle tekrar açılacak, gün yüzüne çıkacaktı.

Ama şimdi... Şimdi artık bunu hatırlatan olmadığı için, gün yüzüne çıkan bir şey de olmayacaktı. Bu yüzden, Fırat her şeyi anlatıyorsa da eksik anlatıyordu. Neticede o da insandı. O da günümüzdeki her insan gibi, öyle ya da böyle, *faydacıydı.*

Aslında şunu öğreniyordu Altan: insanın dürüst olma sorumluluğu ve olabilme imkânı. Ama bunu öğrendiğini çok sonraları fark edecekti. Geç de olsa, insanların doğruyu değil, daha çok yalanı bilmek istediklerinin bilincine varacaktı.

16

Gerçek ne, insan kim, çevresindekiler ona neyi anlatıyor? Sözcüklere neler sığıyor, gerçeğin ne kadarı doluyor cümlelerin içine? Gerçek, cümlelerin arasında, yakınında, etrafında mı yoksa dışında, uzağında mı? İnsanlar, tıpkı bedenlerinin varlığı gibi, gerçeği de apaçık gözlerinin önünde zannediyorlar. Gerçeği ancak ondan şüphelendiklerinde düşünmeye başlıyorlar ve çok azı yapıyor bunu. Geri kalanı "verilen gerçeğe" tutunuyor.

Gerçeği "verilen" ve gelişigüzel yaşayanların arasında var olmayan Altan, Fırat'ın evinden ayrılıp Yeniköy'deki apartmanın merdivenlerini çıkarken hiç düşünmediği bir şeyi düşünmeye başlamıştı. Etrafındaki insanlardan hangisinin gerçeği anlattığını, hangisinin yalan söylediğini ilk kez sorguluyordu. Bugüne kadar herkesi "gerçeği söyleyen insanlar" olarak tanımıştı. "Herkes" kelimesinin korkutuculuğuyla yeni yeni tanışıyordu. Annesi, babası, Meryem hatta manav bile kendince gerçeği söylüyordu ona... Peki o kendisini hangi gerçeğe inandıracaktı?

Ama dün geceden sonra gerçeğin gerçek olmayabileceğini öğrenmişti Altan. İnsanı dünyaya bağlayan en önemli duygulardan biri, insanların hâlâ iyi ve güvenilir olma ihtimaliydi. İnsanı dünyaya bu ihtimaller bağlıyordu. Ama gerçeğin, gerçek olmadığını bilmek, insanların ne kadar sahtekâr olabileceklerini de apaçık göstereceğinden, yaşanması zor bir karşılaşmaydı. Ya Fırat da diğerleri gibi kendince gerçeği söylüyorsa, anlattıkları yalansa, o zaman ne olacaktı?

Altan, restore edilmiş diğer binalar arasında hâlâ restore edilmeye direnen bu asansörsüz, gri ve boyanması gereken apartmanın merdivenlerini çıkarken zihninin içine sorular doluşuyordu. Tedirginliği devam ederken apartmanın ışıkları birdenbire söndü. İçindeki soruların cevapları da apartmanla beraber karanlığa teslim olmuştu sanki. Dairelerinin kapısını açıp içeriye girdiğinde İnci Hanım karşıladı oğlunu.

"Nasıl geçti arkadaşınla gecen?"

"İyi," diyerek cevap verdi Altan. İyi miydi değil miydi, henüz bilmiyordu. İyinin içini bir boşluk kaplamıştı. Yanına aldığı sırt çantasını odasına bırakmak için içeri yürüdü. Annesi arkasından onu takip etti.

"Anlatacak bir şey yok mu? Arkadaşından bahsedebileceğin?" diye merakla sordu İnci Hanım.

"Nesinden bahsetmemi istersin?"

"Ne bileyim, herhangi bir şey işte."

"Zor şeyler konuştuk," dedi Altan. "Sizinle hiç konuşmadığımız şeyler."

Sırt çantasının içindekileri yatağının üzerinde çıkarırken İnci Hanım tedirgindi ancak bunu hiçbir şekilde belli etmemeye çalıştı ve başarılı oldu.

"Bazen arkadaşlarla, ailelerle konuşulmayan şeyler konuşulur, paylaşılır tabii. Ama dikkat etmelisin," dedi İnci Hanım.

Altan, sırtı dönük dinlerken, bu sefer yüzünü döndü annesine. Arkasında çantasından yatağa döktükleri görünüyordu. Siyah eşofman, ince bir bordo hırka, bir deodorant, sıradan bir siyah boxer, orijinal olmayan bir şarj aleti, telefon ve Fırat'ın verdiği bir kitap: *James Baldwin - Giovanni'nin Odası.* Sanki önceki gece öğrenmiş olduğu iç dünyasını da yatağa dökmüş ve öylece bırakmış gibiydi.

"Neye dikkat etmeliyim?" diye sordu Altan.

İnci Hanım, Altan'ın odasındaki berjere oturarak konuştu.

"Yani arkadaşlar iyidir ama bazen tehlikelidir de. Aile başkadır. Aileyle her şeyini paylaşabilirsin, sana yanlış yapmazlar. Ama arkadaşların durumu aile gibi değildir. Ben mesela, sana asla yanlış yapmam Altan'ım. Bana güvenebilirsin oğlum."

Altan annesinin oturduğunu görünce, zihninde de onu tıpkı böyle bir köşeye oturttuğunu fark etti. Anneliğe dair sadece bir temsildi aslında İnci, odanın içinde duran köşeli bir dolap gibi. Herkesin kafasında böyle bir temsil vardı aslında. Yaşıyor ya da ölmüş olması fark etmeksizin, her temsil varlığıyla orada duruyordu. Tüm temsiller, birer iktidar biçimiydi esasında, bunu eskiden çok iyi biliyordu Altan. Aile, dostluklar, patronlar ve temsil edilen her şey iktidarın da gezindiği, içine yerleşmeyi sevdiği kelimelerdi. Tüm bunlar, insandan güven beklerdi. İktidar da hep ona güvenilsin istemez miydi? Hep düşmanlardan koruyacaklarını, hakları vereceklerini, asla yanlış yapmayacaklarını söyleyip, iyiliği temsil ederek iyilikten başka her şeyi yapan iktidarlar... Nereye kadar? Onların kurallarından, isteklerinden, sözlerinden çıkmayana kadar... Tıpkı kimi aileler gibi. Eğer desteklemezseniz, onlar da tehdide, şiddete, baskıya başvururdu hiç çekinmeden. *"Sözümden çıkmayacaksın."* *"İşyerimizin kurallarına uyarsanız sizi işe alır, güvencenizi sağlarız."* *"Ailemizin itibarını zedelemez, bizi hiçbir zaman eşe dosta rezil etmezsen mirası sana bırakırız."* *"Bana iyi bir dost olursan sana sırlarımı söylerim."* *"Biz senin aileniz, hiç kötülüğünü ister miyiz? İyiliğini en çok biz isteriz."* *"Ben senin dostunum, bana da mı güvenmeyeceksin gerçekten?"* *"Burası senin de işyerin, kendi işyerinmiş gibi davranmaya çalış. Bu senin hakkın."*

Birinin iyiliğini istediğini söylemenin, onun kötülüğünü istemekle aynı şey olabileceğini, hafızasını kaybetmeden önce çok iyi biliyordu Altan.

"Zor günler geçiriyorum," dedi, annesinin söylediklerine karşılık. "Özellikle Fırat'la karşılaştıktan sonra birçok şey birbirine dolandı sanki. Yaşamımın içinde kayboluyorum."

İnci Hanım oturduğu yerde doğruldu, tedirginliğini dışarı vurmamak için tüm heybeti ve gücüyle konuştu.

"Fırat'ı inan hiç bilmiyordum. Nereden çıktığını da hatırlamıyorum. Neden kafanı karıştırıyor ki? Neden böyle hissettiriyor sana? Ne hakkı var buna? Zaten zor bir durumun içindesin. Ve biz her şeyi çok net bir şekilde anlatıyoruz sana. Bu kişi okuldanmış diyorsun ama okuldakileri bilirdim aslında. Yalancının teki olmasın? Bak oğlum, dışarıda kötü insanlar var. Çok kötü insanlar. Sana ne anlatıyor bilmem ama dediğim gibi oğlum, insanın kendisini sürekli koruması gerekiyor. Şimdi senin durumun da malum, dikkatli olmalısın. Herkes bir şeyler anlatır. Yalan olmadığını ne bileceksin, değil mi? Dikkat et dediğim gibi, vallahi kim neyin nesi bazen hiç bilmiyoruz. Sen ailene, bize inanmaya devam etmek zorundasın. Gel bakayım, şöyle bir sarılayım sana."

İnci Hanım sarıldı. Sarılırken kolları Altan'a dolansa da Altan'ın kolları onunki gibi dolanmadı, havada kaldı, öylesine gezindi annesinin kırmızı ve kalın hırkasının etrafında. İnci Hanım, Altan'dan çok oğlu Altan'a sarılmaya başlamıştı; Altan da İnci'den çok tanımaya başladığı annesine. Altan sadece tedirginlik hissediyordu sarılırken, İnci Hanım ise tedirginlik ve onun yanında rengini belli eden bir hüzün.

"Kendisini tanımayabilir mi insan?" diye sordu Altan, yüzü İnci Hanım'ın sırtına yaslıyken. Önemli bir soruydu bu Altan için. Çünkü insanın karşılaşmaları, dinledikleri arttıkça kendini tanıması da kendine ulaşması da bazen zorlaşıyor, bazen kolaylaşıyor, bazense düğüm düğüm oluyordu. Bu soru rahatsız etmişti İnci Hanım'ı. Kendi yüzünü aynada görürken, bu soru kendisi için de sorulmuş gibi hissedip öylece bakmaya devam etti. O an ayna, İnci'nin kendine dair hiçbir şey göremediği bir boşluğa dönüştü. Altan'ın yıllar boyunca kendini görecek bir ayna bulamamasına yakın bir duyguya yavaşça değiyordu şimdi ruhu.

"Bilmiyorum," dedi İnci Hanım. "Aynı çocukluğundaki gibi, bana hep bilmediğim, düşünmediğim şeyleri soruyorsun. Ne garip, birçok şeyi unutsan da bu özelliğin hâlâ aynı."

Sarılmaları bittiğinde Altan gülümsedi.

"Sanırım aileler her şeyi bilmiyorlar."

"Bilmiyorlar," dedi İnci Hanım.

"Yalan da söylüyorlar bazen," dedi Altan.

Sessizlik oldu.

Çıt çıkmazdı bazı cümlelerden sonra, bazı cümlelerden sonraysa fırtına kopardı. Altan'ın cümlesi şimdi sessizliğin gürültüsüyle doluyordu odaya. Kimi cümleler böyle sessizliği de çalardı insandan, cümlenin tekrarını içinden söylete söylete ilerlerdi sessizliğin duraklarında.

"Bilmiyorum," dedi İnci Hanım. Ve hemen ekledi: "Yalan söyleyip söylemediklerini de bilmiyorlar bazen. Tıpkı gerçeği söyleyip söylemediklerini bilmedikleri gibi."

"Ne demek bu?"

"Bilmem... Senin bana sıklıkla kurduğun o değişik cümleler gibi bir cümle kurmak istedim," dedi İnci Hanım gülerek.

Altan da tebessüm etti.

"Ben değişik cümleler kuruyorum demek..."

"Bırakalım şimdi edebiyatı. Altan bak. Fırat sana neler anlattı bilmem. Bazen ailelerle arkadaşların bildikleri farklıdır. Bu bilinen bir şey. Ama şu da gerçektir ki aileler çocuklarına yalan söylemezler. Sana gelince, senin kim olduğunu senden başka kimse bilemez aslında. Biz sadece seni zannederiz... Biz, zannettiklerimizi ve bildiklerimizi anlattık sana."

"Zannederiz mi?"

"Zannederiz işte. İyi biri zannederiz. Düzgün biri zannederiz. Benim oğlum diye başlayan cümlelerle methiyeler düzeriz eşe dosta... Sürekli zannederiz. Ama tanımak başkadır Altan'ım. Belki de çok başkadır... Ben de bugünlerde bunu çokça düşündüm durdum. Özellikle senin bu yaşadıklarından sonra."

İnci Hanım bugünlerde kocasıyla kendisinin de oğulları karşısındaki değişimini fark edince, tanımanın da imkânsız, çok zor bir şey olduğunu anlıyordu. Sait Bey'le arasında filizlenen olaylar ve kurduğu diyaloglar, onun içinde de ayrı savaş veriyordu. Bu çelişkili ifadeleri Altan'ı da iyice karmaşık bir hale getirmişti. İnci Hanım yatağın üstündekilere göz gezdirdi, onlara dokundu, eteğini toparlayıp yatağa kıvrılarak oturdu. Şimdi aynanın karşısında Altan duruyordu.

"Kimi görmeliyim şimdi buraya bakarken? Fırat'a, 'Bana hiç kendimi görebileceğim bir ayna vermediler, verdiklerinde de ben yoktum,' demişim. Ne demek istemişim ben anne?"

İnci Hanım gözlerini yatağın üzerinden kaldırmadı. Altan'ın ağzından çıkan cümle, kulaklarından kalbine doğru süzüldü, milim milim ilerleyerek doldurdu içini.

"Aynaya bakıyorum şimdi... Evet, bir erkek görüyorum. Otuz beş yaşında olduğu söylenen ama yaşı, yaşanmışı ifade etmeyen bir erkek. Gözlerimi görüyorum; yanaklarımı, kulaklarımı... Ama kimi sevdiğimi, kimi sevmediğimi bana hatırlatamayan bir yüz bu. Yüzümü değil, duygularımı bilmeyi isterdim. Meğer insanın yüzü değil, sözüymüş onu hayata bağlayan. Aynaya bakarak görülmeyen şeyler var sanırım anne. Belki de aynaya bakmak o kadar mühim bir şey değildir."

Durdu Altan. Derin bir nefes aldı ve devam etti.

"Anne biliyor musun? Bildikleri, sözleri, kelimeleri, duyguları yoksa insanın, yaşamasının anlamı da yok... Hem

181

kendisine hem çevresine dair sözleri, duyguları, bağları...
Anneyi sevmek, babayı sevmek, koşmayı sevmek, bir şeyden
nefret etmek... İnan nefret bile kıymetliymiş, onu bile bilme-
mek kötü... Anlayacağın anne hepsi bilmeye dairmiş aslın-
da. Ama hepsi de öğretiliyormuş insana. Öğretilen sevgiler
ve öğretilen nefretler. Tek tek, kafasına vura vura, işbirliğiy-
le, kol kola... Kimisi de belki içinden geliyormuş; insanın
içi neresiyse artık... Mesela merak ediyorsun ya, anlatayım,
bugüne kadar hep ben dinledim zaten sizleri. Dün Fırat bana
hiç bilmediklerimi anlattı anne. Saatlerce sürdü anlattıkları.
Tüm gece hiç susmadı. Sizin hiç bahsetmediklerinizden bah-
setti. Çocukluğum ona göre başka, size göre başka... Kaç
tane çocukluğu olur ki insanın? Demek ki aile başka çocuk-
luk biliyor, başkası başka... Demek ki aile başka şeyleri bili-
yor, arkadaşlar başka. Aynen bunları düşündüm, zaten gece
uyuyamadım, hep düşündüm. Ailede gerçeğe yer yoksa ger-
çek kendisine yeni mekânlar seçiyormuş kendisini yaşatmak
için. Kızacak mısın? Yüzün öyle bakıyor ama dur, dinle.
Hayır sen lütfen dur, sadece ben konuşmak istiyorum. Biraz
kafam karışık. Belki de bu, bir şeyleri bilmenin yoludur. Yani
karışmak, dünyada kaybolmak, parçalanmak. Öyle mi?
Anne bilmiyorum ben, hiçbir şey bilmiyorum. Belki de Fı-
rat yalan söylüyordur, o da bana kendi yazdığı bir hikâyeyi
anlatıyordur. Olabilir mi böyle bir şey? Yani gerçekten bil-
miyorum. Çok güvenilir duruyor. Sen de güvenilir duruyor-
sun. İnsan nasıl güvenilir ya da güvenilmez durur ki? Onu
da bilmiyorum... Gerçek ne anne? Onu söyleyebilir misin
bana? Eğer gerçek seninki olsaydı, Fırat'la senin söyledikle-
rinin arasında bu kadar fark olur muydu? O çok farklı şeyler

anlattı bana anne. Kim gerçeği söylüyor? Siz mi Fırat mı? Bilmiyorum, belki sen de onun anlattıklarını yalanlayacaksın. Ama o anlattıkça ben çok başka şeyleri bildim. Kendimi bildim mi, emin değilim. Onun anlattığı ben miyim, bunu da bilmiyorum. Yani, gerçekten çok zor. Senin anlattıkların ben miyim peki, kim bilebilir ki? Babamın anlattıkları mı yoksa bana dair olan, o mu en doğru söyleyen? Anne yaşadığımı anlıyorsun değil mi? Mesela sen Fırat'ın anlattıklarını belki hiç bilmiyorsun bile. Sanırım kendimi bilmek için başkasına da güvenmek zorundayım. İnsanın kendini bilmesi için sadece kendine güven duyması da yeterli değilmiş; kendini bilmek, başkasının seni nasıl bildiğine güven duymakla da alakalıymış. Ama etrafım birçok gerçekle çevrili anne, bir okyanus dolusu gerçekle ve ben onların ortasında, sanki yalnız, yapayalnız bir ada... Yapayalnızım. Ben kendimi bilmek için hanginizi dinlemeli, hanginize inanmalıyım anne? İnsana gerçeği kim söyler? Ya da tüm bunları bir kenara bırak ve sadece şuna cevap ver: İnsan hiç gerçeği söyler mi? Anne anlıyor musun beni? Yüzün anladığını söylemiyor sanki. Biliyor musun, dışarıdaki birinin ülkesiyle senin ülken bile bir değil. O başka şey yaşıyor, sen başka. O öfkeli ve mutlu; sen mutsuz ve kaygılı. Fırat'ın tanıdığı Altan'la senin tanıdığın Altan'ın arası uçurum... Ben ona çocukluğuma dair bir şeyler anlatmışım, o çocukluk anıları senin anlattıklarında hiç yok. Ama çocukluğumda siz vardınız. Ona da anlatmışım zamanında. Ne yapacağım? Hangisiyim ben? Hangisiydim? Anne bana yardım et. Bu kadar zor olmamalı. Ne olur bir şey söyle. Evet, şimdi söyle, konuş..."

183

Altan'ın her cümlesi karşısında İnci Hanım sadece "dinleyen" olmayı seçmişti. Hayatı boyunca Altan'a Altan'ı anlatmıştı zaten... Yani, olmasını istediği Altan'ı. Oysa Fırat ona Altan'ı Altan yapan değil, yapamayan şeyleri anlatmıştı. Ailesinin, toplumun, herkesin baskısını, inkârını, sahtekârlığını, yalan sevgilerini. Annesi ve Fırat arasındaki fark buydu. Annesi Altan'a, "Sen onu sevmezsin ki," demişti arkadaşlarının yanında. "Sen sarışın kadınlardan hoşlanırsın," demişti televizyonda o yılların magazin programlarından birini izlerlerken. "Sen bence dediğim bölümü okumalısın," demişti komşunun üniversite sınav sonuçları açıklandığında. Oğluna sürekli, "Sen öyle biri değilsin ki," derken aslında, "Sen böyle biri ol. Sen o değil, busun. Bu. Bu. Bu," demek istemişti. Ailenin asimilasyonu. Kelime kelime, harf harf... Ama Fırat'ın tanıdığı Altan, Altan'ın ailesine gösteremediği, sakladığı Altan'dı. Fırat onun saklandığı yerleri tanıyordu, sığınaklarını biliyordu... Onun bunu bilmesini sevmişti Altan zamanında. Annesiyse onun saklanması gerektiğini bile bilmediğinden, sadece tedirgin oluyordu ara sıra; bilmemenin, bilinmezin tedirginliğini yaşıyordu. Ne gariptir ki aslında İnci Hanım tüm aileler gibi çocuğunun kim olduğunu içten içe biliyordu mahrem kuytularında. Ama kim olmasını istediğini daha iyi biliyordu ve bu çok daha mühimdi. Oğlunu idealize ettiği şey, oğlunun gerçekte olduğu şeyi çiğniyor, resmen yutuyordu. Bu yüzden istemediği herhangi bir şey oğlunun benliğine sızdığı vakit, zihni onu hızla dışarı fırlatıyordu; bunun adı da "istenmeyeni bilmiyormuş gibi yapmak" oluyordu, yani unutmak. Unutmuş gibi yapmak ve sonunda oğlunun kim olduğunu unutmak. Bilmiyormuş gibi yapmak ve sonunda bilmemek.

Altan'ın söyleyeceklerine karşı hazırlıklı ve kendi içindeki istemediği düşmana karşı korunaklı bir şekilde, "Bize inanmalısın," dedi İnci Hanım, tüm kararlılığıyla. "İnsanın ailesi gerçeği söyler her zaman. Bundan şaşmayacaksın Altan. Fırat kimmiş, ne diyormuş ki? Ona inanman için önce onu çok iyi tanıman gerekir. Onu tanımıyorsun ki. Ama bizleri tanıyorsun, değil mi? Tanımaya başladın diyelim ya da... Bizler sana hep gerçeği anlattık Altan. Gerçek seni. Aileden başka kime güvenilir bu yaşamda? En çok aileye güvenmeli insan, herkes böyle yapar dünyada. Herkes en çok ailesine güvenir, inanır. Bu yüzden bil ki gerçek budur, sana anlattıklarımızdır. Her şey babanla birlikte sana anlattığımız gibi. Anlıyor musun? Artık bu konu bittiyse şimdi içeri geçelim de Meryem'le neler olup bittiğini anlat. Hem ben geçen gün Meryem'i aradığımda ona Fırat'ı sordum, ilk kez duyduğunu söyledi. Düşün yani, sevgilin bile tanımıyor. Neyse asıl mevzuya gelelim, diyorum. En son evlenme teklifi etmişsin ya, onu detaylı konuşamadık hâlâ. Merak ediyorum."

Belki de annesi haklıydı. Fırat kimmiş? Bunu da bilmiyordu ki Altan. Tekrar annesine döndü yüzü. Fırat'ın dediklerine de topyekûn inanması için bir sebebi yoktu aslında. En kötüsü buydu ya, aslında kimseye inanmak için geçerli bir sebebi yoktu.

17

"Bir padişahın iki oğlu vardı. Biri uslu, iyiliksever; öteki uygunsuz, ahmak, kötü huylu, kadın yapılı idi. Padişah onu tam bir erkek gibi yetiştirmek için erkek yapılı, yiğit, çevik, Rüstem gibi bir pehlivan aradı ki oğluna arkadaş ve yoldaş olsun. Bu arkadaşı gece gündüz ona mertlik hikâyeleri anlatır, yiğitlik örnekleri gösterir, silah kullanmayı, erkeklik törelerini öğretirdi. Bu kardeş tam iki ay geceli gündüzlü yeni arkadaşı ile cenk hikâyeleri ve yiğitlik masalları konuştu, ama hiç faydası olmadı.

O birtakım oyuncaklar, bebekler yapıyor, kız çocuklar gibi oynuyordu. Bu gün padişah geliyor dediler. Oğlunun neler öğrenmiş olduğunu görmek istiyor. Bir de ne görsün; oğlan, arkadaşı ile birlikte oyuna dalmış. Başlarında başörtüsü, oyuncaklar önlerinde, öğretmen arkadaş da ötekinin zoru ile sarığını çıkarmış yere atmış, padişahın yanına oturmuş kendilerinden geçmiş bir halde. Padişah, öğretmen nerede? diye sağa sola bakınırken öğretmen başörtüsünün içinden kafasını çıkararak saygılı bir kadın sesi ile işte öğretmen

benim diyebildi. Padişah sordu: Bu ne haldir? Öğretmen şu
cevabı verdi: Ey âlemin padişahı, şu iki ay içinde ne kadar
uğraştımsa bir türlü onu kendi rengime uyduramadım. Bu işi
başaramadım. Nihayet ben onun rengine uydum. Ama öğ-
retmen erkekti, onun kadına benzemesinde ne ziyan var?"[1]

Şems-i Tebrîzî

Tahtaya, "Doğu ve Batı'nın Tarihinde Cinselliğe Giriş"
yazdı. Herkes salondaki yerini almaya başlamıştı. Tüm öğ-
renciler oturduğunda, kürsüsünde ayağa kalktı.

"Hepiniz hoş geldiniz," diyerek başladı konuşmasına.

"Bu sene bilerek böyle bir ders açtım. Çünkü bugünkü
dünyada cinsellik ve cinsiyet kimlikleri konuşulurken hem
baskı görüyor hem de kendimize konuşacak çok kısıtlı bir
alan buluyoruz. Oysa bunları konuşmak; izlediğimiz bir
dizi, bir film, bir kitap hakkında konuşmak kadar doğal
olmalı. Çünkü kendimizden, kendi doğamızdan, dünyaları-
mızdan bahsediyoruz. Kaç çocuk yapılması gerektiğini abes
bulmuyoruz ama nasıl çocuk yapılması gerektiğini ya da ço-
cuk yapmama özgürlüğünü ve farklı cinsel yönelimleri abes
buluyoruz. Biz değil de, anladınız işte, birileri buluyor... Bu
dersi açmamın bir diğer nedeni de insanın kendisini tanı-
ması için tarihi de bilmesinin zorunlu olması. Çünkü eğer
insanlık tarihini bilmezsek, kendimizi sadece günümüz şart-
larında tanımaya zorlarsak, sadece günümüze uyumlanmış
bir kişilik elde ederiz. Her dönemin özellikle istediği bir ki-
şilik vardır ya hani... Mesela bugünkü dünyanın bizden is-

---

1   a.g.e, II, 161-162; Şems-i Tebrîzî, Konuşmalar/Makâlât, C. I, çev. M. Nuri Gençosman,
    Hürriyet Yayınları, İstanbul, 1974, s. 302-303.

tediği de kurnaz, açgözlü, sömürücü, duyguları küçümseyen ve çocukluktan itibaren sürekli başkalarıyla rekabet etmeyi öğrenen, her şeyi maddi değeriyle ölçen bir kişilik... Oysa bazen, eğer yapabiliyorsak bunun dışına adım atıp kendimize bakmaya çalışabiliriz. İşte tam da bu sebepten ötürü, tarihten kendimizi anlamak için de öğreneceğimiz çok şey vardır. Eğer hazırsanız bugünkü derste size biraz Doğu ve Batı'nın tarihindeki cinsellikten bahsedeceğim..."

Herkes hazır görünüyordu. Konu zaten hepsinin ilgisini çekmişti. Tüm öğrenciler bu dersi, özellikle dersin açıklamasında Fırat'ın yazdığı bilgi notundan ve onun anlattığı derslerin methedilmesinden dolayı seçmişti. Sistemde açılır açılmaz hemen dolmuştu ders, birçok öğrenci istese de katılamamıştı. Herkes Fırat'ı birbirine başka cümlelerle anlatıyordu okulda. *"Gerçekten konuları çok güzel anlatıyor, olağanüstü sıkıcı şeyi bile ilgi çekici hale getiriyor."* Veya: *"Çok yakışıklı, görmek için bile dersine gidilir."*

"Yavaştan derse başlayalım bakalım. İlk ders olduğu için sizi çok yormayacağım. Cinselliği konuşmak için, ilk önce sırtımızı tarihe yaslamalıyız diye düşünüyorum. Çünkü insanı anlamak için, tarihi de anlamak, bilmek şart."

Öğrencilerin kendisini daha yakından görebileceği bir yere, ders verdiği alanın ortasına doğru adım adım yürüdü.

"Tarih aslında şaşırtıcı şeylerle doludur. Okudukça şaşırırız. Ama bu şaşkınlık aynı zamanda bizi heyecanlandırır da. Neden böyle olur bilmem ama sanki her şey tıpkı okuduğum kitaplar gibi tekrar farklılaşabilir, yön değiştirebilir. Neye şaşırırız peki? Bence, insana şaşırırız elbette. İnsanın değişkenliğine, farklılığına, başkalığına... Tarih bazen bizi,

189

'Neyse ki bugün o zamanlarki gibi değil,' dedirterek rahat-latır, bazense, 'O zamanlar ne güzelmiş,' dememizi sağlaya-rak sonsuz bir özleme boğar. Doğu ve Batı'nın, Kuzey ve Güney'in bazen ne kadar anlamsız, hegemonik inşalarla be-lirlenmiş olduğuna şaşırırız… Tarihte, 'güçlü' ve 'ezilen' ola-nın sürekli değiştiğine, bazen de bugünküyle aynı kaldığına bakıp şaşırırız. Bazen, 'Ne çok şey değişti,' deriz, bazen de, 'Bugün de hâlâ aynı, hiç değişmemiş,' diyerek hayıflanırız. Mesela günümüzden başlayalım. Bugün Doğu toplumların-da cinsellik istenen özgürlükle yaşanamıyor ya da baskıyla yaşanan bir cinsellik var. Böyle deriz, değil mi? 'Kadınlar Doğu toplumlarında özgür değil,' deriz. Baskıya uğruyorlar, zulüm görüyorlar, erkeklerle eşit değiller, emekleri görmez-den geliniyor… Örneğin, ev içi işçilikleri asla işten sayılmı-yor, bugünkü insanların en sevdiği kelime olan 'piyasa'da iş bulma konusundaki eşitsizlikleri hâlâ hâkim ve elbette maaşlardaki eşitsizliklerle birlikte ev içi hayatlarındaki bas-kılar da devam ediyor… Yaşlandıklarında da sistemin dışına atılıyorlar… Bu korkuyla sürekli kendilerini genç gösteren kremler satın alıyorlar. Hatta geçen gün yolda bir reklam afişinde bir tanesini gördüm: 'Yaşlılık önleyici krem.' Ne de-mek istiyor bu reklam? Elbette ölümü unut, genç ve güzel kal, çalış, daima çalış, eğer yaşarken dışlanmak ve ölmek is-temiyorsan çalışmaya devam et. Neyse dağılmayalım şimdi. Batı için de, 'Herkes çok özgür,' denir, değil mi? İfade özgür-lüğü var, cinsel özgürlükler var, kadınlarla erkekler daha eşit konumda… Bunları söyler insanlar, bunlara inanır. Medyay-la, kitaplarla, siyasetçilerle, yapılan anketlerle bazen buna inandırılırız. Çünkü güç kimdeyse hakikati elinde tutan da odur. Kitleler de buna inanmakta değil, *inandırılmaktadır.* İnanmakla inandırılmak çok farklı şeylerdir, bunu da unutmamalıyız. Peki her zaman böyle miydi? Ya da gerçekten şu anda da böyle mi? Doğu gelişmemiş, hep geride; Batı gelişmiş, hep ileride mi? Ya da Doğu'da olan, Batı'da olmuyor mu hiç? İşte bunu sormamız, hem kendi ülkemizin tarihini hem de başka ülkelerin tarihini bilmemiz ve dünyayı daha net görebilmemiz açısından elzemdir."

Sınıftakiler pürdikkat Fırat'ı dinliyordu.

"Özellikle 19. ve 20. yüzyıldan bahsedeceğim bugün," dedi Fırat ve tahtadaki Doğu ve Batı'nın Tarihinde Cinselliğe Giriş başlığının üstüne 19. ve 20. yüzyıl yazdı.

"Neden 19. yüzyıl önemli çünkü 19. yüzyılda heteronormatif cinsel kimlik ve onun ötekisi olarak görülmüş olan 'yanlış yola sapmışlar' adeta tanımlandı. Foucault'ya göre özellikle 1860'lardan 1870'lere kadar uzanan süreç tamamıyla cinsel kimlik konularıyla, onları sınıflandırıp karakterize etmekle geçti."

Öğrenciler not almaya başlamıştı.

"Heteronormatif" yazdı tahtaya. "Bilmiyorum daha önce hiç duyanınız oldu mu?" Yanına da, "Dünyayı heteroseksüel sanmak ve bundan çıkar sağlamak" yazdı. Sonra elindeki kalemle heteronormatif kelimesini göstererek, "Bu tanımım kısaca tabii," dedi.

"Şimdi sizlere bahsettiğim bu heteronormatif tanımlama da birdenbire olmadı elbette. Bu tanımdan elde edilecek çeşitli kazanımlar ve kimliklerin oluşumu için, olması gerektiği düşünüldü. Az çok sizlerin de bilmiş olduğunu düşündüğüm gibi kimlik, kendisine daima bir öteki aradığı ve

191

onu da tanımlama ihtiyacında olduğu için, kendi kimliğine, 'Sağlıklı,' dedi heteronormatif dünyayı inşa edenler. Ötekilere, tanımlamasının dışında kalanlara 'sapkın', 'sağlıksız' ve zaman zaman da kimi devletlerin hukuklarında 'suçlu' dedi. Tabii bundan önce cinselliğe dair 'günah' kelimesi, tarihteki sekülerleşmeyle beraber terk edildi, yerine kimi zaman 'suç' geçti, kimi zaman 'sapkınlık'. Böylece heteronormatif dünya kendi konforlu alanını yarattı ve o konforlu alandan ezme-ezilme ilişkisinde nerede duracağını da belirlemiş oldu. Çünkü her kimlik oluşumu, kimin ezen kimin ezilen olacağını da belirler. Bu da keskin sınırlarla belirlendi. Artık kimlerin ezen, kimlerin ezilen olduğunu biliyoruz."

Öğrencilerin yüzlerindeki ifadeleri izledi Fırat. Bunu her zaman yapardı. Çünkü hiçbir öğrenci dersinde sıkılsın istemezdi. Nitekim kimse sıkılmıyordu da.

"Devam edelim. 19. yüzyılda, belki bunu da not olarak almak isteyebilirsiniz, Osmanlı'da erkeklerin homoerotizme dayalı ilişkileri saklanması gereken bir konu haline geldi. Peki sizce neden? Söz almak isteyen var mı?"

Sınıftan bir iki kişinin fikri vardı ama kimse söz almak istemedi. Fırat on, on beş saniye kadar bekledikten sonra devam etti.

"Batı yüzünden elbette. Çünkü Batı bu konuda sert bir tavır almıştı. 16. yüzyılda Kral VIII. Henry tarafından bir yasa çıkarıldı ve erkekler arası ilişkiler yasaklandı. Düşünün ki 16. yüzyıldan 19. yüzyıla kadar bu yasa sürdü. Adı, suç yasası. Batı'nın 'günah'tan 'suç'a geçişi... Az önce söylediğime örnektir bu... Tabii ki bu, 'suçlu hissettirmeyi' de beraberinde getirdi. Birçok insan bugün de hâlâ suçlu hissettirilmiyor mu kendi cinselliğinde? 'Yapmamalıydım, utandım,' ya da 'Yapamam,' gibi söylemlerle..."

Öğrenciler notlarını almaya devam ettiler.

"Batı'nın bu tavrı yüzden, homoerotik ilişkiler zamanla Osmanlı'da da saklanarak, gizlenerek var olmaya başlamıştı. Çünkü Batı, Doğu'yu 'sapkınlıkların yeri' olarak görüyor, böylece onu küçümseyerek kendisini yüceltiyordu. Bilmeyenleriniz şaşıracak ama Batı, Osmanlı'ya homofobiyi dikte etmeden önce, Osmanlı içinde eşcinsellik bir 'hastalık' ya da 'sapıklık' olarak görülmüyordu, böyle tepkiler verilmiyordu. Sadece kamusal alanda görülmesi istenmiyordu. Ve o zamanlar kölelik, 'oğlancılık' olarak nitelendirilen ilişkilerin de ticaretiydi ve oğlancılık ilgiyle karşılanmaktaydı. Öyle ki şimdi yine şaşırabilirsiniz ama, çünkü gençken ilk okuduğumda ben de şaşırmıştım; sadrazamların ve diğer devlet adamlarının padişahlara, padişahların şehzadelere ve devlet adamlarına, devlet adamlarının ve seçkin kişilerin birbirlerine güzel cariyeler hediye ettikleri gibi, yakışıklı oğlanları da armağan etmesi, o zamanlar armağan eden kişileri onurlandıran bir gelenekti. Bunlar övülüyor ve saklanılmadan yapılıyordu. Mesela Oksaçan'ın bu konudaki kitabında da söylediği gibi, Hayreddin Paşa 1373 yılında yaptığı akınlarda ele geçirdiği 'peri yüzlü kız ve oğlanlar'ı padişaha sunarak etek öpmüş; 1431 yılında Rumeli'de yapılan akınlar sonucu ele geçen 'servi boylu oğlanlar ve delikanlılar' II. Murad'a sunulmuş; II. Bayezid 1482 yılında oğlu Şehzade Şehinşah'a diğer armağanlarla birlikte beş oğlan, beş cariye; 1484 yılında Şehzade Ahmed'e on oğlan, on cariye; 1485'te Şehzade Mahmud'a altı oğlan, beş cariye; 1486 yılında iki oğlan iki cariye göndermiş; 1585 yılında Gürcü beylerinden Aleksandra Han da Osmanlı kuvvetleriyle yaptığı anlaşma sonucunda Osmanlı'ya her yıl 'on yakışıklı oğlan, on güzel ve bakire kız' vermeyi yükümlenmiş, sonunda da 'birkaç eşsiz oğlan ile cariyeyi' Osmanlı kuvvetlerine göndermiştir. Bunları bilmeyi, hem cinselliğin hem de cinsel kimliklerin bir zamanlar nasıl görüldüğünü bilmemiz açısından çok kıymetli buluyorum."

Sınıftaki siyah gözlüklü ve kırmızı kazaklı öğrenci elini kaldırdı. Fırat, "Buyurun," dedi.

"Anlattıklarınızı gerçekten şaşırarak dinliyorum. Ama bir o kadar da kıymetli bilgiler veriyorsunuz, sağ olun hocam. Benim sorum bu eşcinsellik durumunun valide sultanların gözünde nasıl yorumlandığı. Onları boğduruyorlar mıydı ya da öldürtüyorlar mıydı?"

Fırat hemen sorusuna cevap verdi.

"Durum onlar için epey farklıydı. Osmanlı hasekileri ve valide sultanlarının gözünde de eşcinseller dengeyi korudukları için ilgiyle karşılanıyor, sultan olması beklenen şehzadelerin sırası bozulmadığı için onlardan rahatsız olunmuyor, eşcinseller kimi zaman bilhassa onlar tarafından destek görüyorlardı."

Kırmızı kazaklı öğrenci kaşlarını kaldırıp şaşırarak teşekkür etti ve Fırat kaldığı yerden devam etti.

"Tabii Batı'nın baskısı artıp, hem kendisini hem Doğu'yu imgelerle kurmaya çalışırken, size anlattıklarım hiç yaşanmamış, kendi saraylarında ve haremlerinde köçekler ve tavşan oğlanlarla eğlenceler düzenlememiş, eğlencelerin vazgeçilmezi olarak onlar kullanılmamış gibi; Osmanlı da

194

homoerotizmi daha çok İran'dan, Arap ülkelerinden, Bizans ve Antik Yunan'dan gelen bir gayritabiilik, aykırılık, sapkınlık olarak görmeye başladı zaman içerisinde. Yani anlayacağınız üzere, kendi dışına fırlatmak istedi, başka coğrafyalara sıçratmak ve inkâr etmek... Batı'nın söylediklerinden irkildi aslında. Ama ne gariptir bugünkü neo Osmanlıcı iktidar da böyle söylemiyor mu: 'Yok bizde böyle bir şey,' diyor. Ah Batı, bize neler yaptın..."

Sınıftakiler bu söyleneni hatırlayıp Fırat'ın dalga geçmesiyle beraber güldüler. Sınıfın çok dağılmaması için hemen devam etti Fırat.

"Tamam, güldüysek devam edelim. Batı Doğu'yu cinsel aşırılıklarla suçladıkça, Osmanlı da kendi içinde daha önce Batı gibi dışlamadığı bir durumun suçunu, ulusal destanı erkek bedeni ve hemcins aşklarıyla dolu olan Şahnâme'siyle İran'a, Arap ülkelerine ya da dediğim gibi Bizans, Antik Yunan gibi toplumlara attı. O da tıpkı Batı gibi dışarıya baktı. Gerçi Batı ülkeleri bunu sadece Arap ülkelerine değil, aynı zamanda Afrika ülkelerine özgü bir şey olarak da görüyordu. Kendisi dışında her yerde görüyordu o zamanlar adlandırdığı, dünyada ilk kez 1190 yılında sıfat olarak kullanılmış olan 'sapıklığı'. Çünkü böyle görmek, çıkarlarını ve sömürgeleştirme heyecanını da besliyordu. Nitekim kimlikler de, başkalarına 'sapkın' diyenler de kimliklerini böyle kurmuyorlar mı? Batı da diğer coğrafyaları bu gözle gördükçe, sömürgeleştirmek için bir bahane buluyordu. Drucker, İran'a giden İngiliz ve Fransız gezginlerinin, kadın gibi giyinip gösteriler yapan oğlanlarla ilgili tiksinti dolu ifadelerini 19. yüzyıla dair ifadeler içeren kitabında çok güzel anlatır. Ve yine,

195

bugünün Afrika ve Asya'daki kitaplarda yer alan erkekler arası seksi yasaklayan pek çok yasanın Britanya'da 1967 yılında yürürlükten kaldırılan eski bir İngiliz yasasının kopyaları olduğunun da altını çizer. Bu bilgiler çok kıymetli değil mi sizce de? Yani tarihin bugünden ne kadar farklı olduğu şaşırtıcı değil mi? Bugünün İran'ında kadın gibi davranan oğlanlar idamla cezalandırılıyorlar... İşte tarih böyle bir şey; şaşkınlıklarla dolu bir alan. Sömürgeleştirme ideolojisindeki cinsellik konusuna daha sonra tekrar geleceğim."

Öğrenciler, Fırat'ın söylediği önemli tüm bilgileri not almaya devam ediyordu.

"Batı, bahsettiğim gibi Doğu'nun 'cinsel sapkınların' yeri olduğuna, tüm aşırılıkların orada yaşandığına inanıyordu. Doğu'yu bu bakış içinden küçümsüyor, hor görüyor; kendisinde böyle şeylerin olmadığını söyleyerek ya da böyle durumlara baskı uygulayarak varlığını üstün tutmaya çalışıyordu. Ne garip değil mi? Mesela bugün de Ortadoğu'daki dindarlar ve oksidentalizm içinden düşünenler de Batı'yı sapkınlıkla suçluyor! Sen misin beni suçlayan, asıl sensin sen! Bu arada belki aranızdan bilenler vardır ama daha ilk seneniz olduğu için tekrar not edeyim şuraya. Oksidentalizm, Batı'yı klişelerle tanımlamak ve ısrarla klişelerle düşünerek görmek demek."

"Evet devam edelim. 19. yüzyılla birlikte ulus devletler şekillendi bildiğiniz üzere ve her ulus devlet kendi kimliğinin peşinde koştu. Kimlik peşinde koşmak diyerek ne demek istiyor olabilirim? Sürekli tanımlamaktan bahsediyorum, hemen hemen her konuda. Yani bir kimliği tanımlayacaksınız. Peki kimlik nasıl tanımlanır? Başkalarını dışlayarak, yalnız kendinin kim olacağını değil, ötekinin de kim olacağını bilerek... Bu tanımlama, bugünün neo Osmanlıcılarında da var zaten. Ancak bugünü konuşmak, başka bir dersin konusu." Fırat son cümlesinden sonra kürsüdeki bardağından suyunu yudumladı.

"Tabii bu tanımlama ve dışlama, kadınlar ve erkekler arasındaki ilişkiler için de erkeklerle erkekler arasındaki ilişkileri belirlemek için de çok mühimdi. Sonuçta insanların birbirleriyle ilişkisinin nasıl ve hangi şekilde olacağı her zaman önemli bir konudur, bugün de olduğu gibi. 1900'lerle birlikte evlilik tanımlanırken, o da üremeye dayalı bir evlilik olarak inşa edildi ve erkeklerin arasındaki bağlar da vatan gibi, ulus gibi kavramlarla yeniden tanımlanırken, erotizmden arındırılmış, daha çok kardeşlik olarak nitelendirilen yeni bir boyut kazandı. Yani erkekler arası ilişkiler de böyle şekillendi. Tabii bu konudan kadınlar da nasibini aldı ve onlar da 19. yüzyıl sonu, 20. yüzyıl başı arzu nesnesi haline gelerek, tamamen heteronormatif, yani herkesin heteroseksüel olduğu bir dünyada erkeklerin karşıtı haline geldiler. Erkeklerin karşıtı haline gelmek, erkeğin kendisini tanımlamasında önemliydi elbette. Herkes dersi takip edebiliyor değil mi?"

Herkes konuya hâkim bir şekilde Fırat'ı dinliyordu. Hep bir ağızdan onaylayan sesler yükseldi.

"Böylece cinsiyeti kurgulamanın da yaşama aktarmanın da ne kadar ideolojik ve tarihsel bir şey olduğunu öğreniyoruz... Farkındaysanız, konunun içinde emperyalizm var, sömürgecilik var... Tarihsel ve politik birçok mevzu var."

Tahtaya Batı ve Osmanlı yazdı. Aralarına da ok çizdi. Yanında getirdiği kitabından çıkarmış olduğu notları eline alarak dersi anlatmaya devam etti.

"Bakın şöyle diyor Drucker: '19. yüzyılın son çeyreği özel olarak heteroseksüel aile yapısı ve heteroseksüel aşk kavrayışının yeniden üretimiyle yakından ilişkiliydi.' Yani az önce bahsettiğim gibi, o da 19. yüzyılda yeni bir aşk ve cinsellik kavrayışı olduğunu söylüyor. Bu bizlere neyi anlatıyor? Aşkın tanımının, algılanmasının ve cinselliğin tamamen hâkim olan ideolojilerle içli dışlı, ondan etkilenen bir şey olduğunu, öyle değil mi?"

Cümlesini bitirirken saatine baktı.

"Biliyorum az zamanımız kaldı ancak... Birkaç şeyden daha bahsedip bu dersi bugünlük bitireceğim."

Öğrencilerin hiçbiri dersin bitmesini istemiyordu. Çünkü çok azı bu bilgilere vâkıftı.

"Bu giriş dersinden anlamanız gereken, Batı'nın tarihinde cinsellik mevzusuna dair bugünden çok farklı bir tutum yattığı ve buna uyumlanan Doğu toplumlarının bugün bu tutumdan vazgeçemediğidir. Eskiden Batı, Doğu'yu cinsel sapkınlıkların olduğu yer olarak görürken; Osmanlı'daki oğlancılığı, Afrika'daki eşcinselliği tiksintiyle anarken, bugün kendisini dünyaya cinselliklerin özgür olarak yaşanabildiği, cinsel azınlıkların haklarının çok önemsendiği bir yer olarak gösteriyor. Bugün bunun nasıl olabildiğini herkes daha iyi görüyor değil mi? Günümüzde Batı kendisini 'cinsel özgürlüklerin var olduğu yer' olarak tanımladığında bunu diğer toplumlarla arasına sınır çekmek için yaptığını bile düşünebiliriz. Tabii Avrupa'da ve Amerika'da kapitalizmin göbeğinde yaşanırken özgürlüklerin ne durumda olduğu ve bunun ne kadar başarılabildiğini de emperyalizm ve neoliberalizmin politikaları ışığında başka bir derste sizlerle tartışılabilirim. Ama dersin başında da dediğim gibi; Doğu bugün, cinselliği utandırarak konuşulan bir mesele haline indirgiyor ya da onu 'evlilik' tanımı dışında bir şekilde göstermekten kaçınıyor, olursa sansürlüyor. Sanki İran'da 20. yüzyıl başına kadar gelenek olarak raks eden oğlanlar hiç yokmuş gibi, sanki Fars edebiyatı tarihinde, Şirazlı Sadi'de, Mevlânâ Celâleddîn-i Rûmî'de, Molla Câmî'de, onların tüm şiirlerinde hemcinsler arası aşka göndermeler yokmuş gibi! Yani cinselliğin 19. yüzyıldaki üreme işlevine indirgenmesi bugün hâlâ devam ediyor Doğu'da. Ne garip değil mi? Doğu'nun Batı'ya benzemesi, zamanında Batı'yı bir takip ve ona benzeme ihtiyacıyken, Batı'nın bu konuda birdenbire farklı bir tutum alması da Doğu'yu aynı konuda geride bıraktırıyor... Yani Avrupalı sömürgeciler; Orta Asya'da, İran'da, Arapların yaşadıkları yerlerdeki eşcinsel insanları hep cinsel anlamda dizginlenemeyen, tehlikeli, patolojik olarak değerlendirirken, bugün tam tersi sanki İran'daki, Türkiye'deki kimi insanların ağızlarından Batı'daki cinsel özgürlüklerin sapkın, tehlikeli ve patolojik olduğu değerlendirmesi çıkıyor... Halbuki, Batı kendi homofobisini Doğu'ya kendisi getirip fırlatmıştı demek çok yanlış bir yorum olmaz. Tabii tüm bunlar da bize cinselliğin ve kimliğin ne kadar politik, ideolojik, ekonomik ve tarihsel olduğunu anlatıyor... Ve kolektif amneziyle yaşadığımızı da bizlere tekrar gösteriyor. Tarihinizi inkâr etmeyin arkadaşlar. Bu, kendinizi inkâr etmeniz demektir. Bugün burada bırakacağım. Derse katılımınız için her birinize teşekkür ediyorum. Haftaya kaldığımız yerden devam edeceğim. Bir sonraki konu başlığımız 'Cinsellikte Suç – Günah – Hastalık Üçgeni' olacak. Sisteme de dersin notlarını yükleyeceğim. Haftaya görüşmek üzere."

Öğrencilerin hepsi, çok etkilenmiş bir şekilde ve birbirleriyle fısıldaşarak sınıftan ayrıldılar. Fırat kürsüsündeki notları ve bilgisayarını topladıktan sonra yanına gelen birkaç kişiye bahsettiği konular hakkında kitap önerisinde bulundu. Daha sonrasında öğrencilerle vedalaşıp salondan ayrıldı. Ancak salonun dışında bekleyen birini gördü. Dün gece hâlâ onu sevip sevmediğini hayatında ilk kez düşündüğü, düşündükten sonra kendi içinde oybirliğiyle sevdiğinde karar kıldığı, ancak bu sevginin bugünkü Altan'ı ne kadar kapsadığı hakkında karar veremediği kişiydi karşısındaki; Altan'dı. Çünkü bugünkü Altan'da, sevdiğine dair izleri bulamıyordu; sadece bir yüz ve beden buluyordu karşısında. Bu da elbette eskisi gibi hissetmesine yetmiyordu.

"Hiç beklemiyordum seni," dedi Fırat. "Hayırdır?"

Altan'ın bakışları tedirgin görünüyordu. "Konuşabilir miyiz?" diye sordu.

"Elbette," dedi Fırat. "Bir saat sonra başka bir dersim var ama şimdi konuşabiliriz. Dışarı çıkalım mı?"

Okuldan çıkıp dışarıdaki masalardan birine oturdular. Altan'ı tanıyan ve durumunu bildikleri için sadece uzaktan bakan insanlar vardı çevrelerinde. Altan'ın tüm odağı başka bir yerde olduğundan, kendisine bakan insanları görmüyordu bile.

"Kafam iyice karıştı benim, o yüzden sana geldim," dedi Altan. "Seninle konuştuktan sonra iyice karıştım. Çünkü sen, ailemin anlatmadığı şeyleri anlattın. O gece sana bunlardan bahsedemedim."

Fırat, Altan'ın ailesini iyi biliyordu. Çünkü Altan yaşadıklarını zamanında ona anlatmıştı. Fırat bu çelişkiyi tahmin etmiş olduğundan, Altan'ın anlattıklarına ve birazdan anlatacaklarına şaşırmayacaktı.

"Anneme, babama ve Meryem'e göre, ben Meryem'le sevgiliyim. Onunla güzel bir ilişkim var ve ona evlenme teklifi etmişim. Dümdüz bir hayatım var. Sana göreyse başka bir geçmişim var, hem de çok başka. Hanginizin söylediği gerçek?"

Altan tüm dikkatiyle Fırat'a bakıyordu.

"Gerçeği mi bilmek istiyorsun Altan?"

"Evet, sence başka ne derdim olabilir? Benim için bu konu çok önemli ve çok zor durumdayım."

"Ben sana kendi gerçeğimi, bildiklerimi, benimle zamanında paylaşmış olduklarını anlattım. Daha ne yapabilirim ki? Ailenin sana yalan söylediğini, istedikleri gibi bir geçmiş yazdıklarını ve sana onu dayattıklarını söylersem bana inanacak mısın? Muhtemelen ailene inanacaksın. Çünkü ailen sana, onlara güvenmen gerektiğini söylemiştir. Çocuklara ilk önce bu öğretilir dünyada; ailelerine güvenmeleri, onların sözlerine uymaları. Sana da hemen öğretmişler bunu. Bu arada Meryem'i de merak ediyorsan, o kadın senin ailene karşı göstermelik sevgilindi. Vakit öldürüyordun. Kanıt aradıkları için, onların önüne kanıt olarak sunuyordun. Meryem muhafazakâr ve dindar olduğu için ondan faydalanıyordun çünkü seks yapmıyor ve yakınlaşmıyordunuz. Meryem de senden faydalanıyordu. Ona göre aşktı seninki, birbirine değmeden, kapalı yaşanan örnek bir aşkın kahramanıydın onun için. Tabii sen daha çok faydalanıyordun."

Öğrendiklerinin karşısında şaşkınlıkla sordu Altan. "Ya sen de bana yalan söylüyorsan?"

Fırat, "Bak Altan," dedi. Sesi biraz yükselmişti ama çevrelerinin dikkatini çekecek kadar değildi. "Ben neden yalan söyleyeyim ki? Senden ne gibi bir çıkarım olabilir? Burada saatlerce de konuşabilirim ama gerçeği öğrenmek için bazen birçok yalanı, sahteliği, kurmacayı, yani işin özü insanı karşına almak gerekir. Gerçeği öğrenmek, yas tutmaya benzer. O gerçeği sindirmenin, anlamanın yası. Onu öğrendikten sonra, yaşadığın hayatın ne kadarının sahte ne kadarının gerçek olduğuyla yüzleşir, epey dağılırsın. Sen bunu daha önce de yaşadın. Hatta sen demiştin, 'Gerçeği bilmek herkese göre değildir ama her birimize gereklidir,' diye. Ben sana gerçekleri anlattım. Ama ailen olmadığım için bana güvenmemen gerektiğini söylüyorlardır sana. Tahmin edeyim mi? Şöyle diyorlardır: 'Altan, Fırat senin sadece bir arkadaşın, bizse aileniz, bize güven.' Aynen böyle yapıyorlar, değil mi? İstiyorsan onlara inan ve Meryem'le kurmaya çalışacağın o hayatına devam et."

Altan, Fırat'ın böyle konuşmasından hiç hoşlanmamıştı.

"Beni ailene karşı neden dolduruyorsun?"

Fırat güldü.

"Seni neden onlara karşı dolduruyum ki? Ben insan ilişkilerinden bahsediyorum. İnsan ilişkilerindeki kıymetli bağların nasıl zaman zaman yabancılaşmaya sebep olduğundan ve sömürüye yol açtığından bahsediyorum. İnsanların gerçeği kendilerine göre hizaya getirmelerinden bahsediyorum. Bizlere bunları yapmalarından çok sıkıldım Altan. Çok sıkıldım, anlıyor musun? Bu, daha önce de oldu. Ama hatırlamadığından anlamıyorsun. Daha önce de aileni karşına almak zorunda kaldın. Çünkü bizler için bu şarttı. Bizlerin varlığı için aileye başkaldırmak şart. Çoğu insan için şart ama bizler için ayrıca önemli bir mevzu bu. Çok zor şu an anlaman. Nasıl anlatmalıyım? Ailenin gerçeği sana dair değil, onlara dair bir gerçek. Çünkü onlar öyle olmanı istiyor. Anlıyor musun? Senin Meryem'le sevgili olmanı, onunla evlenmeni, çocuklar yapmanı ve onlara torun vermeni istiyorlar. Tıpkı devletlerin yaşamak için ailelerden durmaksızın çocuk istemesi gibi. Gururla ölmek istiyorlar hepsi. Kimseye rezil olmadan. Kimseye dedikodu çıkarmadan, utanmadan, başkalarından hiç farklılaşmadan ölmek. Beklemedikleri bir sonuç, bir sahne görmek istemiyorlar. Anlıyor musun? Tüm istedikleri bu. Senden tüm istedikleri bu. Uymak. Diğerlerine uymak... Koşulsuz, içi boş bir itaat. Halbuki utanması gereken, böyle bir fedakârlık bekleyen, herkesi kendi arzularına göre şekillendirmeye çalışan kendileri ama bilmiyorlar. Bilmezler. Bilmediler de hiçbir zaman. Rezil olan onların bakış açısı, görmek istemiyorlar. Göreceksin Altan, yakında benimle görüşmeni de istemeyecekler. Eminim buna, hem de adım kadar eminim."

Fırat, Altan'ın yalancılık şüphesinden ve ithamından sonra kendini yorgun hissediyordu. Bu yüzden biraz sert konuşmuştu. Altan da Fırat'ı kışkırtıcı bulmuş ve söylediklerinden hiç hoşlanmamıştı. Oysa annesi ne kadar düzgün, sakin bir dille konuşmuştu, Fırat ise hırçınlaşmıştı. Gerçekten kimdi ki Fırat? Ona neden inanacaktı? Belki bu anlattıkları da yalandı; nereden, hangi güvenceyle inanabilirdi ki ona?

"Sana inanmam için sebebim ne olabilir?" diye sordu Altan. Aslında birine inanmak için neler gerektiğini de bilmiyordu. İnsan birine inanmak için sebepler mi sıralardı yoksa inanmak daha çok içgüdüsel bir şey miydi? "İnanmak ya da inanmamak," dedi içinden Altan, "şimdi öğrenmem gereken bu."

Kime inanacağını ve kime inanmayacağını seçmek, tüm yaşamını belirler. Her zaman.

"İnanmamak için sebeplerin neler?" diye soruya soruyla cevap verdi Fırat.

Altan durdu. Sessizlik oldu yine aralarında. Aralarındaki masaya, esen rüzgârla kahverengi bir yaprak düştü. Altan kahverengi yaprağı eline alıp parmaklarıyla çevirmeye başladı.

"Sana inanmamak için sebebim; senin ailemden biri olmaman, seni henüz tanımamam," dedi Altan. "En doğruyu aile söylemez mi? Annem böyle söylüyor. Onlara inanmamı, iyiliğimi düşündüklerini."

Zordu Altan'ın içinde olduğu durum çünkü Fırat'a inanırsa ailesine inanmaması gerektiğini, ailesine inanırsa Fırat'a inanmaması gerektiğini öğrenecekti.

Fırat cebinden cüzdanını çıkardı. Çok eskiden beri cüzdanında sakladığı, ikisinin olduğu köşeleri yırtılmış fotoğrafı buldu ve onu masaya koydu. Yaprak ve köşeleri yırtık fotoğraf masada yan yanaydı şimdi. Fotoğrafta Altan ve Fırat tatildeydi ve bir masada oturmuş kokteyllerini tokuşturuyorlardı. İkisi de kameraya gülümsüyordu.

Altan fotoğrafı eline aldı. "Ne zamandı bu?" diye sordu.

"Üç sene önce işte," dedi. "Telefonla çekmiştik ama gidip fotoğrafçıda bastırdım. Cebimde dursun istedim. Bugünlerde kimse fotoğrafları bastırmıyor. Ben basılı fotoğraf çok severim."

"Anladım," dedi Altan. Fotoğrafı masaya bıraktı. Masadaki yaprak rüzgârla kımıldayıp fotoğrafın üstüne geldi, ikisinin yüzünü kapadı. Onları gizledi.

"Neyi anladın?"

"Seninle zaman geçirmiş olduğumu."

"Bu kadarını mı anladın?"

"Evet," deyip fotoğrafı Fırat'a geri verdi. Yaprak fotoğrafın üzerinden kayıp gitti.

Susan Sontag haklıydı: "Fotoğraflar gerçekliği –gerçekçi bir şekilde– aktarmazlar."

Fırat, o sırada, Altan'la aralarında geçen şeyleri, yaşadıkları aşkı kanıtlamaya dair korkusunun saldırıya uğradığını hissediyordu. Aşk kanıtlanabilir miydi? Nasıl belgelenirdi ki o? Fotoğraf, belge gibi gelmişti Fırat'a, bakıldığında görülebilen bir belge. Ama aralarındaki gerçekleri kanıtlamaya yetmemişti. Hem de hiç. Altan fotoğrafa bakmış, kokteyllerini tokuşturan ve gülümseyen iki erkek görmüştü sadece. Ne garipti ki Fırat bu zamana kadar Altan'a onu sevdiğini de söylememişti. Neydi onu bunu söylemekten alıkoyan, cümlelerini kilitleyen? Fırat neden onu sevdiğini söyleyemiyor, sevgisini Altan'a söylemek yerine başka yollara başvuruyordu? Kamusal alanda hiçbir zaman diğerleri kadar özgür olamamışlardı; fotoğraf çektirirken yanak yanağa değememişler, dudak dudağa olamamışlar, el ele tutuşamamışlardı. Aşk için bunlar gerekliydi, değil mi? Görülmek, fiziksel hareketlerin, sarılmanın, dokunmanın, okşamanın ışığında aşkı parlatmak, hiç sönmeden parlamak... Altan ve Fırat ise karanlıktaydı. Bakılırken görülmeyenlerdendi onlar. Görüldüğünde de bakılmak istenmeyenlerdendi. Aşkları silik ve görünmezdi; tıpkı varlıkları gibi. Dışarıdan "anlaşılmayacak" kadar özgürdü kendileri de aşkları da. Bir gün Fırat annesiyle kavga ettiğinde annesi ona şöyle demişti: "Sen de dışarıdan anlaşılmıyorsun hiç. Görsem anlamam seni. O yüzden sorun yok." Aşkları dışarıdan anlaşılmıyorsa pekâlâ özgürlerdi kamusal alanda. Anlaşılmayan, herkes gibi görünenlere yetecek kadar bir özgürlük. Anlaşılmayan bir özgürlük...

"Görmüyor musun?" diye sordu Fırat.

"Neyi görmüyor muyum?"

"Aramızdaki şeyi,"

"Neyi? Ne var ki? İkimiz beraber yemek yemeye gitmişiz, başka bir şey göremiyorum ben."

Fırat'ın o an içinden bir duygu koptu, uçup giderek uzak bir ülkenin nehrinde yüzerek kayboldu. İçinden kopup nehirde yüzen o şey, ilişkilerinin umuduydu. Çünkü artık Altan'ın hiçbir zaman anlamayacağına, ikisini hatırlamayacağına ve aralarındakilerin kanıtlanamayacağına dair bir duygu Fırat'ın ruhunun zeminine yerleşmişti.

"İkimiz sevgiliydik," dedi. "Yıllarca."

O sırada Altan'la aralarında sessizlik olduğunda, bir gün İstanbul'un ara sokaklarından birinde tutkuyla ve dur durak bilmeden öpüştüklerini hatırladı. Topu topu sadece bir gündü o. Taksim'deki bir tiyatro çıkışında, gecenin ikisinde, ara sokaklardan birinde yürürken, bir apartmanın karanlık, kimsesiz kapısında, etrafı kontrol ettikten sonra aniden dayanamayıp, "bir daha mı geleceğiz bu dünyaya, yeter be" hissiyle öpüşmüşlerdi. Apartmanın sokağa devam eden duvarında da şöyle yazıyordu: "İSYANBUL." Sadece bir dakika sürmüştü ama onlara bir sene gibi gelmişti. "Bunu hiç unutmayacağım," demişti Altan. "Unutmayacağım," diye tekrarlamıştı Fırat. Ve Altan unutmuştu şimdi...

Ama Fırat her zaman biliyordu görünürlüklerinin asla diğerleriyle bir olamayacağını, bir gün bu dünya değişse bile ömürlerinin bunu görmeye yetmeyeceğini. O zamanlar Altan da bunu biliyordu. Bu gerçeğe alışmışlardı. Diğerleri onların faydasına göre belirlenmiş gerçeği yaşarken onlar gerçeğe alışır, ona uyumlanmak zorunda kalırlardı. Başkalarının faydasına göre yaratılan gerçeğin paylarına düşen daracık, karanlık ve dikenli kısmına sahiptiler sadece.

Kasetçalarlardan müzik dinlemenin havalı ve popüler olduğu bir yaz günü beraber plajdalarken, çocukluk anılarını anlatmışlardı birbirlerine. İkisinin de havai olduğu, güzel bir yaz günüydü. Altan, Fırat'ın ilk hangi erkekten hoşlandığını sorduğunda, basketbol takımındaki Osman'ı anlatmıştı Fırat. Sonra da ona dokuz on yaşlarındayken ailelerinin yazlığına gitmeyi çok sevdiğini çünkü plajda hep üstsüz erkekler gördüğünü, erkeklerin meme uçlarını, göbeklerindeki ve koltuk altlarındaki kıllarını ve onların ter, deniz tuzu, kum ve güneş yağı kokulu plajda podyumda yürür gibi yürümelerini izlemeyi çok sevdiğini anlatmıştı. Ardından, "Kadınlar üstsüz olamıyor, ne yazık! Halbuki aralarında üstsüz güneşlenmek isteyenler var. Bu onların hakkı. Neyse ki erkekler üstsüz gezinebiliyor. Bu da bizler için fırsat. Semavi dinlerin Tanrıları erkek bedenini diğer erkekler için özgür ve mubah bırakırken bizleri düşünmüş olmalı. Kesinlikle böyle bence. Sence de öyle değil mi?" deyip Altan'ı güldürmüştü. Altan'sa kendisini çok geç tanımış olduğundan, çocukluk anılarında plajdaki gözetlemeye dair sadece bakışlarını erkeklerin bedenlerinden ayırmaya çalışan, ara sıra dayanamayıp tekrar bakan, bu yaptığından pişmanlık ve suçluluk duyan, bir erkeğe dokunmanın neye benzediğini anlamaya çalışan ve deniz şortunun içinde ereksiyon haline gelen penisi karşısında tedirgin olan bir çocuk görüyordu. O gün Fırat'a, hayatında öpmüş olduğu iki kadından birini anlatmıştı. "On dört yaşındaydım. Onu öptüğümde erkek olacağımı, artık tamamen herkesleşeceğimi, içimdeki tüm tuhaf duygulardan kurtulacağımı düşünmüştüm ama bunu kendime hiç itiraf edememiştim. Bunu kendime itiraf etmek demek, diğerlerinden ayrışmam demek olacaktı; bu, ölüme yakın bir histi benim için. Kendimden de, kendi bildiğim Altan'dan da ayrışacaktım." Erenköy'de, o zamanlar henüz restore edilmemiş evlerinin orada, annesi seksek oynamasını yasakladığından, sokakta misket oynarken yakınlaşmıştı o sarışın kızla. Ama aslında şimdi o günü hatırlıyor olsaydı, o duyguya, "Yakınlaşma," değil, "Sadece merak," derdi. Adını koymak mühimdi. Çünkü sadece *merak* etmişti. Diğer erkeklerle arasındaki fark, kızları seven erkeklerin meraktan değil, yakınlaşma ihtiyacından kızları öpmesiydi. Altan sadece meraktan yapmıştı bunu, biraz da çocuk aklıyla mahalledeki erkeklere benzeme, dışlanmama ihtiyacından. Ve birdenbire kızı öpmüştü. Öpmüş. Öpmüş. Öpmüştü. Uzuuun uzuuun... Sulu sulu. Sonunda dudakları ayrıldığında artık tamamen mahallenin erkekleriyle aynı olduğunu hissetmişti. İğrenmemiş, kötü de hissetmemişti. Sadece çok da hoşuna gitmemişti. Eve döndüğünde öpüşmenin, bir labirentin içinde iki kişinin gezintisine benzediğini hissetmişti. Anne ve babasına bir kızı öptüğünü salonun ortasında utanmadan –çünkü erkekler için utanılacak bir şey değildi– söylediğinde de "Aferin," almıştı onlardan. "Yakışır sana oğlum." Bunların hepsi, hafızanın denizlerindeki su akıntısı yüzünden kaybolmuştu şimdi.

Anlaşılan kısıtlı yakın arkadaş çevreleri dışında her yerde gizlenerek var olmalarının; Altan'ın kendisini ailesinden gizlemesinin; akademiden önce iş bulmaya çalışırlarken birçok kurumdan reddedilişlerinin; beraber dinledikleri iktidarların, siyasi partilerin onları reddetmesinin; onları reddederek oy kazanmalarının simsiyah baskısının; beraber bir şeylere "dayanmayı" öğrenmelerinin; yani nefret, ayrımcılık ve koyu bir öfkenin çemberinde yaşamayı deneyimlemelerinin; Fırat'ın askere gitmemek için devlete hemcinsiyle bir video kaydı göstermek zorunda kalmış olmasının; bunu Altan'la paylaştığı günkü ses tonlarının; ayak, el, kol hatta göz hareketleriyle nasıl konuşmaları gerektiğini sürekli birbirlerine hatırlatmalarının; "erkek gibi oturmanın" nasıl bir şey olduğunu "kız gibi oturma"ya bakarak ve o alışkanlığı öğrenmelerinin; eğer bunları öğrenemiyorlarsa her yerde dışlanacak ve zulüm göreceklerinin; polisin şiddet göstermek için her zaman yer aramasının; yemeklerini getiren bir garsonun, kaldıkları oteldeki bir müdürün, bindikleri taksi veya otobüs şoförünün gözünde gizlenmenin; asla "anlaşılmak" istenmemenin; anlaşılmamayı Altan'a ara ara anlatmak zorunda kalmasının; yalan söylemeyi ezberleyerek, mecbur bırakılarak büyümenin; ailelerinin onlara kendileri değil başkası olmayı öğretmesinin; bunu öğretmeyi bir ömür sürdürmelerinin; umut etmeyi çocuklarıymış gibi korumaya çalışmalarının ve bazen de umutsuzluğa kaderleriymiş gibi inanmalarının; aralarındaki mücevherden yapılmış tutkunun; birbirlerini ilk defa öptükleri gün kendi özel ülkelerindeki Tanrı'nın ikisine hiç kızmadığı düşüncesinin verdiği özgürlük hissinin; Boğaz'da ayaklarını denize karşı uzatarak Altan'ın ailesinin bitmeyen para sıkıntılarını dinlediği günlerin; Marmaris'teki masmavi denizin altında karada tutamadıkları ellerini özgürce tutabilmelerinin; seviştiklerinde çarşafların ayaklarına dolanmasına gülmelerinin; bazen beraberce paylaştıkları sessizliklerinin; birileri görür diye telefonda birbirlerinin adını "sevgilim" diye kaydedememelerinin hüznünün; sevişirken bildikleri dilleri unutmalarının; faşizmin insanların yüzlerinden akan tedirginliğinin onlar üzerindeki etkisinin; birçok kez yaşadıkları azarlanmaların; soğuk kış aylarında Fırat'ın Altan'ın montunun cebine elini sokarak gizlice mont içinde el ele tutuşmalarının ve ellerini bu yolla ısıtmalarının; beraber gittikleri bir köydeki ucuz otelin bahçesinden topladıkları ahududuların rengârenk kokusunun; zaman zaman gördükleri ağaçların yanına yaklaşarak onların yaşlarını tahmin etmelerinin; bazen o ağaçlara sarılmalarının; Altan'la kendi cenazelerine gelenlere neler söyleyeceklerini kurgulamalarının ve Altan'ın herkesin çok üzülmesini beklediğini çünkü onu çok üzmüş olduklarını itiraf edişinin Fırat'ın zihnindeki kırık anısının; Altan acıktığında onun da aynı anda acıkmasının; Fırat'ın Altan'a geç de olsa araba kullanmayı öğrettiği gün arabanın içinde yaşadıkları gülme krizlerinin; gülmekten karınlarının ağrıdığı ve birbirlerine, "Lütfen dur," dedikleri günlerin güzelliğinin; Altan'ın onu terk etme imasında bulunduğunda duyduğu uçsuz korkunun; birbirlerini kırmalarının; birbirlerini telafi çabalarının; Fırat'ın Altan'ın gömlek düğmelerini biraz açarak gömleğinin arasından yumuşak, pürüzsüz göğsüne dokunmayı çok sevdiğinin ve bunu çok özlediğinin; bunu bir daha yapamayacak olmasının; Altan'a, "Kimseye söyleme," deme ihtiyacı duymadan verdiği aile sırlarının; Altan'a duyduğu sonsuz güvenin ve iltimasın; birlikteyken ölümü unutmalarının; yani beraber paylaştıkları tüm bu büyülü, dikenli, mutlu ve mutsuz anların bile yasını tutacaktı Fırat. Yapacak başka bir şeyi yoktu. Hatıraları arasındaki çırpınışından sonra daha iyi anlamıştı; Altan onu, ikisini ve kimi zamanlar beraber tutunmuş oldukları küçük dünyayı hatırlamayacaktı. Artık sadece zamana baktığında görülebilecek anılar olarak kalacaktı hepsi... Altan'a gösterdiği fotoğraftaki "görülmeme" meselesi, aynı taksi şoförüne, otel görevlisine, ailelerine görülmeme meselesiyle aynıydı. O gün, o fotoğraf çekilirken bilemezdi bu fotoğrafın bir gün hiçbir işe yaramayacağını; ama eğer el ele, dudak dudağa, yanak yanağa durabilselerdi çok şeyi değiştirebileceğini...

"Anladım," dedi Fırat. Gözlerinin önünden boğazını düğümler gibi geçen anlara ve yaşadıkları aşkın detaylarına değinmedi.

Altan, yeniden toplumun ondan istediği kişiye dönüşüyordu; kendini ve duygularını görmeyen, kendine karşı kör, sağır bir kişiye...

"Neyse boş ver her şeyi. Belki de ailen doğru söylüyordur," dedi Fırat. "Belki de onlara inanmalısın."

Sessizlik.

Tekrar tekrar yalana mecbur bırakılmak...

Sessizlik.

"Şimdi gitmem gerek."

Fırat masadan kalktığında Altan kalkmadı. Fırat takım elbisesiyle, elinde vereceği derslerin notlarını taşıdığı çantayla yürürken arkasından baktı sadece. Yürürken, "Onu artık sevmiyorum," dedi Fırat, bunu sessizce tekrar ederek devam etti adımlarına. Bu aslında, "Onu hâlâ çok seviyorum," demekti.

Altan hiçbirini duyamadı.

18

Her şeyi sözle, konuşarak çözme taraftarı olan kimi insanlar, okumayı da yazmayı da pek sevmezlerdi. Konuşmayı severlerdi. Uzun uzun konuşmayı. Ama o uzun konuşmaları bir gün hatırlatıldığında, eğer hatırlatılan onları rahatsız eden bir şeyse, "Öyle bir şey dediğimi hatırlamıyorum," derlerdi. Kendilerini ve söylediklerini kanıtsız, izsiz, belgesiz, görünmez ve kimi zaman muallakta bırakmayı severlerdi. Böylece, söyledikleri değişebilir, başka bir yöne savrulabilirdi. Kolayca şu cümle çıkabilirdi ağızlarından: "Tabii ki demedim öyle bir şey. Sen yanlış hatırlıyorsun." Onlar aynı zamanda sözün unutulacağını, yazının istense de unutulamayacağını, onlara karşı ölümcül bir tehdit olabileceğini çok iyi bilirlerdi. Çünkü yazı kayıt tutar, sözse yalnız belleğe yerleşirdi. Bir gün bellekten çıkarıldığında, iki kişinin ne hatırladığına bağlı olarak işlevi değişirdi. Dolayısıyla kimi zaman erime, bozulma ve yıkılma tehlikesiyle karşı karşıya kalırdı. Ve bu yüzden yazı yazan insanlar onlara endişe verirdi. Çünkü yazı ânı dondurur, bir mekâna yerleşir, yaşananın fotoğrafını çekerdi. Söz ise geçiciydi, mekânsız. Zaman su gibi akıp geçerdi sözde. Yazıyla içli dışlı insanlar onları tedirgin ederdi çünkü onlar yazarak söylediklerini sadece kafalarına değil; kâğıtlara, kitaplara not edebilirlerdi. Freud 1925 yılında yazdığı bir yazısında şöyle demişti: "Hafızama güvenmediğim zamanlar, kaleme kâğıda başvuruyorum." Ne çok benziyordu Altan'ın sekiz yaşındaki hâline. Birazdan Altan, Freud'un önemli bir şey söylemiş olduğunu öğrenecek ve yazı, yaşamındaki büyük boşluğu boşluk olmaktan kurtaracaktı.

Altan, o sabah uyandığında yatağının hemen yanındaki komodinin alt çekmecesinden çorap alacakken, komodinin altında bir şeyin çekmece hareket ettiğinde onunla beraber hareket ettiğini gördü. Komodini kenara çekti. Ve yalnız başına kalmış bir şekilde onu gördü. Yavaşça yerden aldı. Aldığı yerin zemini tozla doluydu. Eline aldığı şeyi ilk önce arkalı önlü bakacak şekilde çevirdi, onu ajandaya benzetti. Ama üzerinde Bugs Bunny'nin kocaman bir çizimini gördü. Aldığı şey belli ki eskimişti; çokça yıpranmış ve köşeleri yırtılmıştı. İçini açtığında sayfaların neredeyse küflendiğini gördü. Sahaflardan alınan ikinci el kitap kokusuna benzer bir kokusu vardı. Muhtemelen zamanında beyaz ve yeni olan sayfalar renk değiştirmiş, turuncuya dönmüştü. 1995 yılına ait bir ajandaydı bu. Tek tek aylar yazıyordu: Ocak, Şubat, Mart, Nisan… Boştu, hiçbiri doldurulmamış, hiçbirine herhangi bir not veya yazı yazılmamıştı. Sadece bazı yerlerde kalem çizikleri vardı. Sayfalarını çevire çevire incelemeye devam etti. Bu bir ajanda değildi. Bu, Altan'ın küçükken tuttuğu günlüktü.

İSİM: ALTAN

SINIF: 3B

BOY: 1.43

KİLO: 36

NUMARASI: 280

OKUL: ERENKÖY İLKÖĞRETİM OKULU

İlk sayfalarda bunlar yazıyordu.

OKUL'un altında da büyük harflerle: LÜTFEN OKUMA-YIN!!!

Tekrar rutubete benzeyen bir koku geldi burnuna. Sayfayı çevirdi. İlk sayfayı okumaya başladı.

Selam günlük. Ben Altan.

Sana her gün, o günümün nasıl geçtiğini yazacağım. Hem böylece okulda yazmayı öğrendiğim Türkçeyi doğru ~~kullanma~~ ~~ya~~ yazmayı da iyice ~~bitmiş~~ öğrenmiş olacağım. Bu fikri sınıf öğretmenim Melahat söyledi. Ama biliyor musun, okula gitmek çok zor bir şey günlüğüm. Ve evde olmak, o da çok zor. Her yerde olmanın zorluğu çok zor bir şey anlayacağın.

Okulum evimizin yakınında. Orada arkadaşlarım var. Ama beni sevmeyenler ~~var~~ çok.

Sana her gün, günümün nasıl geçtiğini ~~yazacağım~~ yazacağım.

Bizim sınıf çok kalabalık. Kırk dokuz kişi var. Benimle beraber elli kişi oluyor.

215

Sınıfımı ~~çok~~ seviyorum. Ama ~~azıcık~~ birazını. Hepsini değil. Çünkü birazı beni seviyor. Hepsi değil. Ama herkes herkesi sevebilir mi zaten?

Bugün okulda Burak benim yanıma geldi. Burak sınıfın en ~~gıcık~~ yaramaz çocuğu. Genelde yanıma gelmez ve sevmediği insanlarla dalga geçer. Bugün yan yana oturduk.

Ben, Burak benimle dalga geçecek diye ~~korkarak~~ bekledim. Geçmedi. Ama insanlar benimle ~~hep~~ dalga geçer. Burak yanımdayken eğer dalga geçerse ona ne diyebilirim diye düşündüm. Annemle babam, onlar çok kavga ediyorlar günlüğüm. Eve gelen babamın borçluları var. Babam evde yokken de annemi rahat bırakmıyorlar. Oysa bu annemin borcu değil ki. Ama öyleymiş gibi davranıyor. Bu arada annem öğretmen, babam memur. Bil istedim.

Günlüğüm ~~bitiyor musun~~ ben anneme çok üzülüyorum. Annem hiç bunları hak etmiyor. Şu an içeride ağlıyor. Çünkü bugün evimizden hacizle televizyonumuzu götürdüler. O ağladıkça ben de ağlıyorum. Bak, ilk sayfanın sağ köşesine bile damladı. Keşke o damlaları görebilsen. Neyse beni dinlemen yeter. ~~Televizyonumuz sence bir daha olacak mı~~

Annem keşke çekip gitse. Beni ve kendisini götürse. Ama gitmiyor. Gidemiyoruz. Gerçi nereye gideceğiz? Bir kere beni aldı, anneannemlere götürdü. Ama sonra burada olmaz dedi. Orada çok üşüdük. Çünkü soba odayı az ısıtıyordu. Hayat çok zor günlük. Allah büyük diyor anneannem, sence o büyük mü? Eğer büyükse niye onu göremiyoruz?

Burak bugün benimle dalga geçseydi ona annem ve babamın boşanacağını ve benimle uğraşmamasını söyleyecektim. O yüzden sana anlattım. Sence bu işe yarar mıydı? Belki bana biraz acır. Çünkü bazı insanlar sadece acıdıklarına iyi davranıyor. Bir daha bana bulaşırsa bu ~~tekniği~~ yolu deneyeceğim. İlk kez yalan söyleyeceğim. İlk yalanım olacak. Çocuklara yalan söylemek yakışmazmış, Melahat öğretmen öyle diyor. Ama ya başka çaresi olmayanlar? Melahat öğretmen çaresizliği bilmiyor sanırım.

Neyse ki ben ders bitene kadar korksam da Burak'la dersi beraber dinlemiş olduk. Her ne kadar öğretmen bana söz verince, ben konuşmaya başlayınca arka sıradakiler sesli sesli gülse de, bu konuda ne yapacağımı bilemiyorum. Sesimi ortadan kaldırıp atamam ya... Onu yok edemem ya... Tek bana iyi gelen şey, ~~sensin~~ sen olacaksın günlüğüm.

Kardeşim olsaydı, o zaman en iyi arkadaşım belki o olurdu. Gerçi iyi ki kardeşim yok. Çünkü o zaman daha çok masrafımız olacaktı... O kadar paramız yok. Borcumuz var. Hem de çok.

Annem de, öğretmenim de, sınıfın o en arka sırasında oturan çocuklar da sanki aynı kişiymiş gibiler. Beni hep uyarıyorlar. Şöyle diyor erkekler ve aralarından bazı kızlar ben güldüğümde: Böyle gülme. Öğretmenim şöyle diyor konuştuğumda: Bebek gibi konuşma. Eve geldiğimde annem şöyle diyor: Neden sadece kız arkadaşların var senin? Böyle sorular günlük. Ben bunların cevabını bilmiyorum. Tek hissettiğim ne biliyor musun, sevilmemek. Neden sevilmiyorum ben? Ama kızlar beni seviyorlar aslında. Ayşe (Ayşecik), Zeynep (Zeyno), Deniz (Deno), Mukaddes (Muko) ve Begüm (Begülü) onlarla çok iyi anlaşıyorum. Tek üzüntüm, yine de okula gitmekten nefret ediyorum ve yıllarca gitmek zorunda ~~otucam~~ olacağım. Hemen büyüsem de bu okul bitse. Babamın yaşına gelsem keşke. Onun yaşına gelip aile kurmak istiyorum.

Evde tek sevdiğim şey uyumak. Çünkü sadece uyurken çok mutluyum...

Hem orada bazen konuşurken görüyorum kendimi.

Ve en güzeli de, kimse bana gülmüyor.

Görüşürüz.

Şimdi uyumam gerek.

8 Ocak 1995
Pazartesi

Altan ilk sayfadaki yazıyı okuduktan sonra, günlüğün sayfalarını çevirdi, çevirdi, çevirdi... Birçok şey yazdığını gördü. Uzun uzun, dolu dolu sayfalardı hepsi. Kendisine başka bir sayfa açtı, bu sefer günlüğün ortalarından bir sayfaydı bu...

Selam günlük.

Bugün fena bir gün değildi günlük. Kalktım. Dişlerimi fırçaladım. Yüzümü yıkadım. Giyindim. Okula gittim. Sonra babam okul çıkışıma geldi. Beni arabayla gezdirdi. Okul çıkışı gezdik. Annem gelmedi bizimle.

Babam yeni araba aldı. Sanırım işleri biraz düzeldi.

Sonra babam bana çubuklu şekerler aldı. Böğürtlenli ve karamelli. Kendine de çikolata. Onları yedik. Çok güzeldi. Şeker diye bir şey iyi ki var.

Sonra babam arabada bir kadınla telefonda konuştu. Onun sesi anneme benzemiyordu. Tanıdığım birine de benzemiyordu. "Güzelim" dedi konuşurken. Bunu annem için hiç demez. Oradan anladım telefondakinin annem olmadığını. Kim olduğunu anlamadım ama sormadım da. Sorsam kızar. Babam her şeye kızıyor. Ona kızılmasına da kızıyor.

Sonra eve döndük.

Annem üçümüze yemek hazırladı. Nohut. Pilav. Yoğurt. Kola da istedim ama vermediler. Çok zararlıymış. Sanki içtikleri sigara zararlı değil.

Annemler okulda kantinde içtiğimi bilmiyorlar. Tadı çok güzel. Ben seviyorum. Keşke sana da içirebilsem. Çok değişik bir tadı var, başka hiçbir şeye benzemiyor. Nasıl yapıldığının da tarifi yokmuş.

Annem yine yanıma geldi. Şu an sana yazmamdan on ~~dakka~~ dakika önce. Bugün okulda kimlerle vakit geçirdin dedi. Bu soruyu her gün soruyor. Begüm ve Ayşenur dediğimde yine bana kızdı. Bağırıp durdu. Kolumu eliyle cimcikledi. Bacaklarıma vurdu. Biraz kızardı bacağım şimdi.

Ben de odama kaçtım. Yapacak bir şey yok. Onlar benim arkadaşım. Başka arkadaşım yok ki.

Annem benden ne istiyor bilmiyorum. Ama ben onu ~~hata~~ hâlâ seviyorum.

Şimdi uyuyacağım. Biliyorsun sadece uyuyunca mutluyum.

14 Şubat 1995
Salı

Altan yazdıklarını tanımadı, hatırlamadı. Yazdığı zamanlar, o sancılı haller hiç gelmedi aklına. Yazdığı günler çok uzak bir ülke gibi geldi ona; hiç gitmediği, dilini bilmediği, insanlarını tanımadığı... Kendisini kendi yazdıklarından okudukça yazının önemini düşündü, yazının sonsuz gücünü. Günlüğün sayfalarından bir sayfa daha okumak istedi. Birkaç sayfa atladı, sonra durdu.

Selam günlük.

Bugün fena bir gün değildi. Matematik sınavı olduk. Çok çalışmıştım. Bu yüzden güzel geçti. 5 üzerinden 4 alırım. İnşallah. İnsan çalışınca her şeyi yapabilir. Babam hep böyle söylüyor. Zaten matematiği seviyorum. Ama çok değil. Az seviyorum. Türkçeyi daha çok seviyorum mesela. İngilizceyi de öyle.

Bugün müdüre sınıfın yaramazlarından Çağatay'ı ~~şikayet~~ şikâyet ettim. Ayşenur şikâyet et dedi. Zaten çok mutsuzum. Sen zaten yaşadıklarımı biliyorsun, sana hep anlatıyorum. Bu arada müdür sınıftaki bir arkadaşımızın babası. Buse'nin. Neyse, bu önemli ~~bir şey~~ değil. Müdür (adı Hakkı) beni dinledi ama hiçbir şey yapmadı. Sadece tamam, sınıfına dön dedi bana. Oysa ben Çağatay'dan çok rahatsız olduğumu, benimle dalga geçtiğini söylemiştim. Müdür de beni sevmiyor sanırım. Yapacak bir şey var mı sence? Ben başka ne yapabilirim günlük? Keşke konuşabilsen benimle. Annem bugün olanları duysa çok üzülür. Müdüre beni rezil ettin der. Müdürün Çağatay'ı benden çok sevdiğini hissettim. Nasıl diye sorma. Hissettim işte. Ayşenur bile bence de seni sevmiyor müdür dedi. Ama üzülme, ben seviyorum seni dedi sonra. İyi ki Ayşenur var bu dünyada.

Okuldan eve döndüğümüzde annem bana süt ve elmalı kek hazırladı. Onları verdi. Onları yedim. Elmalı keki çok seviyorum.

Sonra akşam oldu. Annem, babam ve ben yemek yedik. Tavuk ve yanında makarna.

Dayım hasta bu arada, sana söylemeyi unuttum. İyi değil. Ameliyat olması gerekiyor ama olamıyor. Çünkü sigortasız-mış. Hiç hayatında sigortası olmamış. Sigortası olmadığı için ameliyat ücretini de ödeyemiyor kimse. Annem bu yüzden çok gergin. Parasızlık çok kötü bir şey. İnşallah ben hiç parasız kalmam. Babam dayım için onu sistem hasta etti diyor. Bu ne demek bilmiyorum. İnşallah benim sigortam vardır. Bunu sonra anneme ~~soracam~~ soracağım. Dayım gibi olmak istemem.

Annem yine bugün bana okulda kimlerle takıldığımı sordu. Bu sefer ona yalan söyledim. Belki sen bana kızacaksın yalan söylediğim için. Acaba kızar mıydın? Yoksa beni anlar mıydın?

Bence insanlar ikiye ayrılır. Zorunda kaldığı için yalan söyleyenler ve insanları kandırmak için yalan söyleyenler. Ben zorunda kaldığım için söyledim.

Anneme Burak'la beraber sınıfta vakit geçirdiğimi söyledim. Yalanım buydu. Bu yalanımı duyunca çok sevindi. Aferin dedi bana, kafamı okşadı ve saçlarımı birkaç defa öptü. Sonra beni yıkadı Dalin şampuanla. O şampuanı çok seviyorum. Kokusu çok güzel. Gözümü acıtmıyor. Keşke beni koklayabilsen. Çünkü şu an aynı onun gibi kokuyor üstüm.

Annem beni yıkarken böyle davranırsan iyi bir oğlan olursun dedi.

Şimdi annem beni yalan söylediğim için seviyor. Keşke beni her türlü sevse. Çünkü ben onu her türlü seviyorum.

29 Mart 1995
Çarşamba

Altan bir tane daha okumak için yeni bir sayfa daha açtı.

Selam günlük.

Bugün çok kötü bir gündü. Bugün Hakkı müdür annemle konuşmuş günlük. Senin de bildiğin o Hakkı müdür. Annemi benim yüzümden uyarmışlar. Çocuğunuz hep kızlarla takılıyor demişler. Bu yüzden annem evde beni dövdü. Sana erkek çocuklarla dolaş demedimmi mi diye bağırdı. Burak'la dolaşıyorum demedin mi bana sen diye kızdı. Gerçi ben de hiç görmedim seni Burak'la dedi. Suratıma, kollarıma, bacaklarıma ve popoma defa=tarca vurdu. Özellikle suratıma ilk kez vurdu, çok canım acıdı. Aynı boksör gibi. O televizyonda birbirini döven adamlar gibi. Sen boksörsün dedim anneme. Kenara boksörün neye benzediğini senin için çizeceğim. Televizyonda bazen onları gösteriyorlar, babam izlerken görüyorum. Annemin beni nasıl dövdüğünü keşke görseydin. Çok canım acıyor. Şimdi bile sızlıyor. Geçer mi yakında?

Odamdan bite çok çıkamıyorum. Annem beni tehdit ediyor. Eğer kızlarla takılmaya devam edersem babam da beni dövmeye başlayacakmış. Ona da her şeyi söyleyecekmiş. Babamla beraber beni döveceklermiş. Ben çok korkuyorum. Çok mutsuzum. Bu hayat çok zor. Niye bu kadar zor? Ben büyümek istiyorum günlük. Belki büyüyünce daha iyi olur. Yaşı büyük insanları çok dövmüyorlar bence. Ben de o zaman dövülmem. Belki daha kolay olur hayat. Belki evim olur günlük. Oraya giderim, orada yaşarım. Başka yere yani. Dövülmediğim bir yere. Okulda da dövütücem dövülürüm diye çok korkuyorum. Bazen bazı erkekler üzerime geliyorlar. Okul önlüğümün önlerini buruşturuyorlar, düğmelerini falan. Ama Ayşenur beni koruyor. Ayşenur okula gelmediğinde mesela hastalandığında çok geriliyorum. O okula gelmediğinde nefret ediyorum Ayşenur'dan. Ama etmemeliyim. Ama ediyorum işte. Çünkü korkuyorum. Ayşenur erkeklere küfrediyor. Siktirin gidin diyor. Bu lafı babam da kullanıyor. Ayşenur'a Erkek Fatma diyorlar. Yani erkeğe benziyormuş diye. Ayşenur da ee nolacakmış benziyorsam ezik suratlılar diyor. Hem benim nerem size benziyor, sizin şu tipinize bakın, aynaya bakın hele, ben güzelim, siz çirkin diyor. Ben Ayşenur'u çok seviyorum. O çok korkusuz ve cesur. Aynı zamanda komik biri. Keşke onun gibi olsam. Ama olamıyorum. Ben sadece benim. Kendime benziyorum. Ama anneme göre birilerine benzemeliymişim. Kime ~~benzeyecem~~ benzemeliyim bilmiyorum. Evde beni koruyan kimsem yok. Keşke Ayşenur buraya taşınsa. Bize yani. Ama taşınmaz. Az önce aynada vücuduma baktım. Çok üzülüyorum. Yanağım çok kızarmış. Kollarım da kızarmış. Okulda inşallah kimse sormaz. Sorarlarsa ne diyeceğimi bilmiyorum. Yere düştüm desem inanırlar mı?

Bu arada dayım ameliyat ücreti ödenemediği için birkaç gün önce öldü. Sana bu haberi vermeyi unuttum. Babam sistem öldürdü dedi yine. Benim sigortam var mı dedim, yok dedi. Büyüyünce, çalışınca olurmuş. Yani daha doğrusu şimdilik babamın üzerineymiş sigortam ama sonra kendimin olmak zorundaymış. İnşallah büyüyünce sigortam olur. Ölmek istemiyorum dayım gibi. O kırk sekiz yaşında öldü. Kırk sekiz sene çok az değil mi? Ben çok yaşamak istiyorum aslında. Ama bazen de hiç istemiyorum.

Bugün daha fazla yazamayacağım günlük. Çünkü uyumak istiyorum. Uyumak kadar güzel bir şey yok benim için. Hatta tek güzel şey. Bunu biliyorsun.

Gerçi bazen orada da kâbus görüyorum.

Bir keresinde rüyamda her yerim aynı böyle kandı.

5 Mayıs 1995
Cuma

223

Ve bir tane daha okudu...

Selam günlük.

Kızar mısın bilmiyorum ama ben ölmek istiyorum. Çünkü yaşamak çok zor. Yaşamaktan başka bir şansım yokmuş gibi geliyor. Ama ölme şansım var.

Ama ölüm çok karanlık geliyor. Evlerin bodrum katındaki karanlık bir yere gideceğimi zannediyorum. Nereye gideceğimi bilememek kötü. Bu yüzden ölemiyorum belki.

Anlayacağın ölmeyi bile beceremiyorum.

Bazen annem için yaşıyorum.

Ama annem benim nasıl yaşadığımı umursamıyor bile.

12 Haziran 1995
Pazartesi

Şu an bildikleri ve çocuk Altan'ın bildikleri arasındaki mesafeler... Fırat'ın anlattıkları ve ailesinin anlattıkları... Meryem ve Fırat... Gerçekler ve yalanlar... Çevresinden duydukları ve zamanında yazdıkları arasındaki seneler kadar uzun uzaklıklar... Altan bunları düşünürken odasındaki perdenin tülleri uçuştu, pencerenin kenarlarından içeriye lodosun sesi doldu. Neydi bunca zamandır dinledikleri yan odadakilerden? Yazdıklarının tam tersi, hiç bahsedilmeyen, bir sürü yalan, sahtekârlık... "Kolay geçen bir çocukluk", "Meryem adında bir sevgili" ve "iyi anne ve iyi baba". Altan bilmiyordu ama insanların hepsi, evet hepsi, geçmişi hatırlamak istediği gibi hatırlardı. Yüzde yüz gerçekleşmiş olaylara bile, "Öyle bir şey olmadı, yanlış hatırlıyorsun," diyebilecek kadar yüzsüzdüler. "Yanlış hatırlıyorsun," dedikleri, genelde kendi hatırlamak istemedikleriydi. Hafıza, bir resim gibi çizilirdi bazen, etraflıca boyanırdı. Altan, en yakınındakilerin de o yüzsüzler, sahtekârlar arasına dahil olabileceği gerçeğiyle yüzleşiyordu şimdi. Zamanında Fırat ona kışkırtıcı gelmişti ama bu okudukları karşısında, onun anlattıkları masum kalmıştı. Meryem bir yalandı. İyi bir çocukluk ve iyi anne baba da öyle... Fırat'tan başka gerçeği söyleyen yoktu. Ama Fırat ona en son, "Ailene inan," demişti. Ne yapacaktı şimdi? Hem çaresizliği hem öfkeyi aynı anda hissetti; tıpkı çocukken bu günlüğü yazdığı günlerdeki gibi.

Hatıralar bir sel gibi akıyordu şimdi içinde; öfkenin akıntısıyla karışıyordu. Günlüğünü karıştırmaya devam etti. Yani kendi içini, hatıralarını karıştırmaya...

Bir sayfa daha açtı...

Selam günlük.

Bana okul olmadığında bile rahat yok sevgili günlük. Neden diyeceksin, anlatacağım.

Bugün anneme mahalledeki Yasin ve Mahmut adlı çocuklarla oynamamak için tekrar yalan söyledim. Rahat yok dediğim bu işte. Okulda yaşadıklarım yetmiyormuş gibi yazları da bana rahat yok. Zorla ilaç içtim bugün. Hiç hasta değilken hem de. Halsizlik numarası yaptım anneme dışarı çıkıp futbol oynamamak için. Neyse belki ilaç karnıma iyi gelir. Biliyorsun hep karnım ağrıyor. Nedenini bilmiyorum. Karın ağrılarım bitmiyor. Sanki dünyanın bütün kötü insanları karnımın içinde. Hepsi beni kemiriyor.

Neyse. Bugün annemle komşuya gittik. Ben Bugün ilk kez kadın memesi gördüm. Hale teyze yeni doğmuş bebeğini emzirdi yanımızda. O sırada memesini açtı. Memeleri dik, uçları yuvarlak ve havaya kalkıktı. Çevresinde de nokta nokta bir şeyler vardı sanki ama tam göremedim, emin değilim.

Lunaparkta satılan pamuk şekerlerin pembesi olur ya, rengi de aynı onun gibiydi. Acaba sütün tadı nasıldı? Merak ettim. Keşke o bebek olabilsem diye düşündüm. Ama önce annem Hale teyzenin memesini gördüğüm ve kafamı çevirmediğim için bana kızdı. Sonra da babam dışarıda erkeklerle oyun oynamadığım için günümü berbat etti. Eve döndüğümüzde babam yüzüme tükürdü. Hem de defalarca. Kürtçe küfürler etti ama anlamadım. Çünkü Kürtçeyi çok az biliyorum.

Ben şimdi yine uyumak istiyorum. Birazdan uyuyacağım. Şu an saat akşam 7.30. Ama bu evde bana rahat yok. Yani bana zaman nedir desen mesela. Bence hep sıkıntı ve hep acı.

Ben sana yazarken annem şimdi odama girip bugün gördüklerini unut dedi. Sanırım Hale teyzenin memelerinden bahsediyor.

Ama ben unutmayı bilmiyorum.

15 Temmuz 1995
Cumartesi

Her ne kadar yazı hafızayı taşısa, boşlukları kapasa, eksikliği tamamlasa da, aynı zamanda başka bir tarafıyla da eksikliği yaratmaya, başka bir yerde bir gedik, bir boşluk açmaya ve hafızayı yine eksik bırakmaya devam ederdi. Çünkü *her şey* yazılmazdı, yazılamazdı. Altan da her şeyi yazmamıştı. Şimdi, okurken bilmiyordu ama yazı da gizliyordu onu, tekrar saklıyordu. Yazıyla ifşa edemedikleri olurdu insanın, kendisine dahi söyleyemedikleri, söylese de yazmak istemedikleri. Yazı da bazen anıları hatırlamak gibi seçiciydi, daima ayıklamayı seviyordu. Bir şeyler yazıldıysa, mutlaka bir şeyler de yazılmamış, dışlanmış oluyordu. Her şey yazılamazdı, her şeyin hatırlanamadığı gibi. Sekiz yaşlarındayken, annesi ve babası evde olmadığında, kapısını sıkı sıkı kapadıktan sonra küçük odasındaki kasetçalara hemen bir kaset yerleştirdiğini, işaretparmağıyla tuşuna sertçe bastıktan sonra tüm heybetiyle içeri dolan müzikle beraber odasını aniden bir konser alanına dönüştürdüğünü, seyircileri gülümseyerek karşıladığını; karşısında onu dinleyen, onun için bağıran, onu çok seven seyirciler hayal ettiğini, eliyle onları selamladığını, kendisini dünyanın çok sevilen ünlü sanatçılarından biri olarak gördüğünde tüm sevilmemiş duygularından bir anlığına da olsa arındığını, çalan şarkının ritmiyle kalçalarının ritmini uyumlu hale getirerek kıvırmaya başladığını, kalçalarını kıvırdıkça önce kendine şaşırarak etrafında kimse yokken bile yine biraz utandığını, sonra utancından özgürleştiğini, bunu yapabildiğini görünce bedeninin sınırsız hareketliliğine sevinerek dans ettiğini, tüm cinsiyet kalıplarının komikliğini ve yapaylığını kendisine söylemese de fark ettiğini, fark ettikçe elleriyle, omuzlarıyla ve kalçasıyla daha özgürce dans edebildiğini, kapı gıcırtısıyla annesinin anahtar sesi ne zaman kulağına birlikte gelse hızlıca kasetçaları durdurup yatağının başına geçtiğini, nefes nefese kalsa da eline okul ödevlerinden birini tutuşturabildiğini, bu küçücük ama onun hayalinde devasa bir konser alanına dönüşüp ona büyükmüş gibi gelen hayal mekânında olmayı delice sevdiğini ama insanların onu *böyle* sevmediğini, tüm danslarının annesi yüzünden her zaman yarım kaldığını ve bundan nefret ettiğini yazmamıştı.

Çünkü, böyledir... Yazarken bile saklar insan, eğer saklanmaya boyun eğerek alışmışsa.

Sayfayı okumayı tamamladıktan ve kafasında çoğu şey yerine oturmaya başladıktan sonra sayfaları gelişigüzel atladı ve son sayfaya bakmak istedi. En son hangi tarihte, ne yazdığına, neden bahsettiğine...

"~~Nasıl başlasam bilemiyorum.~~ Merak etme ve lütfen korkma, bu günlüğün ~~hiç~~ hiçbir sayfasını okumadım. Öyle bir hadsizlik yapmam. Sadece buraya, en arka sayfasına yazmak istedim. Saçmalayabilirim, kızma. Yazım da kötü, beni affet.

Bunu acaba ne zaman okuyacaksın? Umarım ihtiyacın olduğu bir zamanda okursun. ~~Bir gün okursun mutlaka değil mi~~

Bilirsin, aslında güzel yazamam. Yeteneğim yok. Ama bence senin ~~de~~ var, her ne kadar inkâr etsen ve ~~bu~~ günlüğündeki yazıları benden saklasan~~da~~ da. Umarım bir gün okutursun, okumak istediğimi bil. ~~Tabiik~~ İstersen tabii.

Bugün, şu an sen içeride yorgana sarılı, henüz uyanmamışken, senin odanda, senin sandalyende oturduğun gibi oturup sanki sen çok uzaklardaymışsın gibi sana yazıyorum. Niye seni çok uzaklardayken hayal ettim ki? Halbuki içeridesin. Yazmak, ~~yazılana karşı~~ hep bir mesafe mi istiyor insandan? Okuyanın hep uzakta olması gerek sanki. Mektup gibi hissettim, sanırım ondan olmalı. Aman, ne bileyim. Belki bunu okurken, çok uzaklarda olacaksın. Bu da çok karamsar oldu ama, idare et işte!

Yazı ve zaman, ne garip şeyler aslında. ~~Halbuki niye uzaklarda olasın!~~ Ama bir o kadar da kıymetli, bize gerekli.

Senin bu günlüğünü ilk kez, bir kafede çantandan çıkarırken görmüştüm. Küçük bir çantan vardı, siyah ve uzun fermuarlı. Fermuarı bozuktu. Hatırladın mı? Onu özenle taşıdığın için, bu günlüğün içinde beni de özenle taşımanı istediğim için yazıyorum sanırım.

~~Bu günlüğü önemsediğini biliyorum.~~ Belki bunun içinde yazımla yer almayı da, senin hayatında yazılı bir kayda geçmeyi istediğim için yapıyorumdur, kim bilir.

Dün gece burada ailen yokken seninle kaldıktan sonra, aile olamama ~~endişelerinden~~ korkularından bahsettin. Belki kızacaksın ama tekrar ediyorum, biz bir aileyiz Altan. Ben ve sen, aramızdaki bağ aile bağı. Onlarınki gibi baskıcı değil diye mi, onlar gibi otoriter değiliz diye mi aile olmuyor aramızdaki bağın adı? Bunu hiç kimse onaylamak zorunda değil, onların onayı, damgalar kimin umurunda? Biz onaylamak zorundayız önce. Bizim onayımız yoksa o bağ da yok. Bunu kafana takıyorsun ama aile duygusal bağdan başka bir şey değildir. Ne olur bunu unutma. ~~Devlet ne kadar güçlü değil mi insan üzerinde? Ne gıcık bir şey!~~ Sadece bize verilmiş bir tane yaşamımız var Altan, başka yok. Bunu unutmamak her şeydir.

Aileler din yüzünden bizlerden nefret ediyor diyorsun, dün geceki tartışma konumuz. Ona da katılmıyorum. Tekrar ediyorum Altan; din, onların bize dair içlerindeki nefreti sebeplendirdikleri bir ideoloji sadece... Din onların nefretine bir dayanak ama sebep değil. Nefretleri zaten orada yani, içlerinde saklı. Ve evet, bu, dini böyle sebeplendirdikleri için onların kötü olduklarını söylüyor.

Bir diğer konu da kötü seks konusu. Kötü seks diye bir şey varsa da bizim aramızda yok. Seks çok öğrenilen bir şey, zamanla oturan bir şey. Kötü seks yapıyorum fikrinden vazgeç, ben mutluyum seninle. Hem seks her zaman iyi giden bir şey olamaz. Bunu biliyoruz.

Sabah sen uyanmadan bu yazıyı buraya hatıra olarak bırakmak istedim. Karışık yazıyorum. Ama iyi yazmadığımı zaten yukarıda söylemiştim!

Bazen bana benim seni gerçekten sevip sevmediğimi soruyorsun. Bu sorudan da çok rahatsız oluyorum. Sonra rahatsız olmamdan da rahatsız oluyorum. Belki de bazen insanların birbirine ne kadar çok sevdiklerini sormaları gayet insanidir. Herkes, "Güvensiz ilişkiler," diyerek başkalarını damgalamaya meraklı. Oysa ben senin sorunu pek tabii anlıyorum. Ama ben seni çok seviyorum. Senin zannettiğin gibi kendini fıtsrı spor salonlarına kapatıp, spor yapıp vücudunu geliştirmeni de istemiyorum. İstersen tabii ki yap ama bil ki bu sevgi görmek için yapılmaz. Çünkü insanlar birbirini fiziksel olarak görür ama hiçbir şekilde fiziğe tutulmazlar. Sevgi bedeni görür ama onu ancak hissettiğinde sever, onu mükemmel —bu ne demekse— gördüğünde değil. Bu arada geçen günkü tespitin doğru, ezilen bazı erkekler, eziklilerini vücutlarını "güçlü" göstermeye çalışarak kapatıyorlar, makyaj yapıyorlar kendilerine. Foucaultcu görüşü hatırlatıyor bu. Ama bence çok haklıydın, bu konuyu yine konuşalım...

Konudan konuya atlıyorum ama inan ne yazacağımı da bilemedim, ne yalan söyleyeyim.

Ben seni geçen gün izlediğimiz filmdeki gibi seviyorum Altan. Hatırladın mı? ~~Xvr~~ Xavier Dolan'ın Laurence Anyways filminden bahsediyorum. Çok sevmiştik o filmi... Ben de seni oradaki kadın gibi seviyorum. İstediğim herhangi bir şey, güzellik, yakışıklılık, duygusallık sende olduğu için değil; sadece ilişkimizde sen sen, ben de ben olarak kalabildiğimiz için. Değişmemize rağmen birbirimizi sevebildiğimiz için. Tıpkı Montaigne'in dostluklar için dediği gibi: "O, o olduğu için, ben, ben olduğum için." Hep deriz ya seninle, insanlar bunu başarabilse dünya farklı olurdu. Bir yere kadar değil, her yere kadar seviyorum seni.

Bir gün her şeyi unutsak bile, bu özelliğimizi hiç unutmayalım.

Eğer buraya yazdım diye bana kızdıysan, hemen arayıp bunu bana söyle.

Yazımın kötü olduğunu ve belki de çokça saçmalayacağımı en başta söylemiştim.

Seni seviyorum.

Ansızın hatırlanan güzel hatıralar gibi seviyorum.

20 Mart 2014, Perşembe.
İstanbul.

Günlük elindeyken, annesinin ona kim olduğunu anlatmaya başladığı odasındaki o beyaz berjere baktı, baktı, baktı... Yatağından kalktı. İlk önce o beyaz berjere geçip oturdu. Otururken odasında gözlerini gezdirmeye başladı, biraz duygulandı. Gözlerini gezdirdiği odasının sağ tarafında, tam da yatağın altında, saklanmış gibi duran, günlüğünde bahsettiği o gri kasetçaları gördü. Sanki müjdeli bir haber almış gibi sevindi gözleri. Hemen uzanarak onu yerinden çıkardı. Kucağına koydu. Çok eskiden yaptığı gibi işaretparmağıyla tuşuna sertçe bastı. Müzik çalmaya başladı. Kasetin üzerindeki + işaretine birkaç kez bastı ve sesini açtı. Odaya müziğin ritmi doldu. Altan yavaşça ayağa kalktı ve müziğin ritmiyle dans etmeye çalıştı. Sanki dans ederken kendi içine doğru yürüyordu. Müzik çalmaya devam ettikçe bu kez müzikle beraber, odaya Altan da doldu.

Anladı ki kim olduğunu ona kendisinden başka anlatacak kimsesi yoktu.

19

"Bitti," dedi; içeri, onun yanına, salona döndüğünde. Elindeki günlüğü de salondaki kütüphanenin oraya bıraktı. "Romanın sonunu da az önce yazdım."

Salona geçtiğinde onu siyah çerçeveli ince ve hafif gözlükleri gözünde, her zaman giydiği vazgeçilmez hırkası üzerinde, dikkatle gazetesini okurken gördü. Dışarıda kar yağıyordu, mart ayının karı. Ona baktığında kar sanki fonda üzerine yağıyormuş gibi görünüyordu. Onu böyle görmek için ne çok zamandan geçtiğini, zamana ne çok bakmak zorunda kaldığını düşündü. Zamana baka baka kendini bildiğini ve onu da ancak kendini bildikten sonra bilebildiğini hatırladı tekrar. Onu gerçekten seviyordu; dayanışma, dostluk ve doludizgin bir isyanla.

"Duymadın mı?" diye sordu yeniden, salonun girişinde, ayakta.

"Çok pardon hayatım," dedi, gözlerini gazeteden kaldırıp. "Ne demiştin?"

"Romanım az önce bitti diyorum, son sayfasını yazdım!"

Okuduğu gazeteyi kıvırıp koltuğun köşesine koydu. Kollarını açtı.

"Vay be..." dedi. "Çok tebrik ederim canım benim! Gel buraya, bir sarılayım sevgilime şöyle kocaman!"

Sarıldılar. İç içe geçti kolları, duyguları ve yaşama karşı her zamanki isyanları. Tüylü kollarını şefkatle okşarken, "Okuyacağın için çok heyecanlıyım," dedi.

"Sen bir de bana sor o heyecanı! Hayatımda ilk kez içinde var olduğum bir romanı okuyacağım. Bu, bu, nasıl desem, çok değişik bir his!"

Utanarak ona baktı. Övgü aldığında gülenlerden değil; utananlardan, içine kapananlardandı o. Çünkü annesi ona hep şöyle derdi: "Şımarma. Sakın kibirli olma. Her zaman haddini bil." Sanki övülmek ve övüldüğüne mutlu olmak kibirli olmakla aynı şeymiş gibi. Annesinin ülkesinde biraz öyleydi.

"Dur bir bakayım güzel yüzüne. Benim sevgilim yazar mı oldu şimdi?"

"Utandırma," diyerek kendisini onun gözlerinde görmemek için kollarının altına girdi, sanki onun kollarında ondan saklanabilecekmiş gibi. Oysa dünyadan saklanmaya ihtiyacı yoktu, bunu biliyordu. Saklanmamanın bedeli çok ağır bile olsa, bunu biliyordu...

"İsimlerimizi değiştirdin mi? Yoksa onlar aynı mı kaldı?"

"Değiştirdim," dedi. "Benim adım Altan, seninki Fırat oldu!"

"Aa, Fırat mı?"

"Evet, Fırat. Bence sana yakıştı Fırat ismi."

"Fırat..." diye sesli şekilde adını duyurdu salona. "Sevgilimle ben, ölümsüz birer karakter mi olduk şimdi?"

Beraberce güldüler. Son zamanlarda roman aralarına girmiş, onları birbirinden ayrı düşürmüş olsa bile, yazma sürecinde birbirlerine hep anlayışlı olmuşlardı.

"Yazarla beraber olmak, kendi yalnızlığınla da zaman zaman yemeğe çıkmak, birlikte olmaktır. Çünkü seni ara sıra oraya, yalnızlığa sürükler. Ama yalnızlığın kötü bir şey olmadığını öğretir. Yalnızlıkla da uyuması gerekir insanın," demişti ona geçenlerde... Başını sallayarak onaylamıştı o da. Çünkü doğruydu.

"Romanda beni nasıl yazdın? İyi bir karakter miyim?" diye sordu merakla. Nasıl yazıldığını ve temsil edildiğini merak ediyordu.

"Biliyorsun, yüzde yüz iyi olabilen karakterlere inanmıyorum ben. Onları samimi bulamıyorum. İnsan yüzde yüz iyi olamaz. Sadece kendileriyle yüzleşemeyenler tamamen iyi biri olduklarına inanırlar. Ben öyle kendinden pek emin ve kendine çok güvenen insanlardan bu yüzden korkarım, bilirsin. Bu yüzden sen de tam gerçeğini yansıtan bir karakter oldun romanımda. Yani iyisiyle kötüsüyle, eksisiyle artısıyla... Böylelikle, romanım da gerçek bir roman olmuş oldu zaten."

Kollarını sevdi, okşadı.

"Mesela bir sahne var romanda. Şimdi duyunca kızacak mısın bilmem ama... Beni severken de başkalarına baktığını yazdım. Örneğin zaman zaman kötü sekslerimizin olmuş olduğunu ve rakı masasında yaşadıklarımızı da. E yalan mı? Vardı böyle şeyler hayatımızda. Saklansa, o roman gerçek

235

roman olmazdı. İnsanların gerçek şeyler okumaya ihtiyacı var."

"Seninle beraber olmak bazen zor geliyor bana," dedi.

"Kesinlikle herkes seninle beraber olamaz."

"Herkes olmasın zaten," dedi, cevabına biraz sinirlenerek. "Ben herkesle beraber olabilecek biri değilim, iyi ki de değilim! Olabilenleri de sevmem, bilirsin!"

"Ama hemen yüzünü asma, neden böyle dedim önce bir dinle beni. Sen hep gerçeği arıyorsun, ilk tanıştığımız zamanlardan beri. Gerçeği hep daha çok deşmek, onun peşine düşmek istiyorsun. Peki ya gerçek, yeraltında bir uçurumsa? Ya senin oraya inecek gücün ve elinde araçların yoksa? Beni bilirsin, ben bazen kaçıyorum bundan, mesela senin hep çok iyi biri olduğuna inandırıyorum kendimi. O bana zarar vermez, diyorum. O bana asla böyle bir şey yapmaz. Buna tutunuyorum hayatımı sürdürürken. Aslında bunun olmasını istiyor ve sende bunu seviyorum galiba. Ama sana göre, sen bana zarar verebilirsin de."

"Evet verebilirim, neden yalan söyleyeyim? Sana hiç zarar vermeyeceğim diyen insan yalan söylüyordur bence. Çık dışarı bak, sokaklar öyle insanlarla dolu. Hepsi yalanlarla yürüyor. Sokaklar, masalar, aileler, arkadaşlıklar yalancılarla dolu! Böyle bir şey nasıl mümkün olabilir ki? İnsan istemeden kendi kendisini bile üzüyor, değil mi? O hâlde başkasını mı üzmeyecek? Üzer. Maalesef üzer. Çat diye de kırar, parçalar! Bilerek ya da bilmeyerek... İsteyerek ya da hiç istemeyerek... Bu böyledir! Zordur bunu anlamak! Ayrıca beni neden sevdiğini anlamaya çalışma! İşte bak o zaman aramızdaki ilişkinin tüm büyüsü kaybolur."

"Tamam, tamam. Ben artık hemen okumak istiyorum! Bu akşam okuyabilir miyim acaba? Çok heyecanlıyım," diyerek sözü tekrar romana döndürmek istedi.

Bir süre daha sarılarak koltukta uzandılar. Romanı bitirmenin neşesiyle, yan yana kıvrılıp biraz öpüştüler; dilleri birbirlerinin ağzında gezindi. Dokunarak bir kez daha aşklarını kutladılar. Konuşmak için durduklarında, "Annenler okuduğunda kızmayacak mı peki? Hiç bunu düşündün mü?" diye sordu.

"Sence onların ne düşündüğü benim umurumda mı?"

"Anladım. Peki romandaki her şey gerçek mi?"

"Evet gerçek. Özellikle, 'Ne hayatlar var ya,' denen yerleri."

"Gerçek, korkutucu olabilir ailen için. Yani kendilerini bu kadar gerçek bir şekilde okuyacak olmak..."

"Aman bırak, onlarla yaşamak daha korkutucuydu, biraz da onlar korksun. Korkmalılar da zaten. Belki biraz utanmalarını sağlar. Hem zaten bu roman sürekli aileye ve topluma göre yaşarsak ne kadar berbat bir hayatımızın olabileceğini anlatıyor. Ailelerin her zaman haklı olmadıklarını, her şeyi bilmediklerini ve kimi zaman çok tehlikeli, hatta zararlı olabildiklerini. Hatta ve hatta, ileri giderek kimi ailelerin bencillikle diğer insanları para gibi harcayabileceğini, her evlada eşit olmadıklarını, sadece hayallerindeki evlatları sevebildiklerini anlatıyor! Nankör ve kötü evlatla, hayırlı ve düzgün evladın birbirine çok uzak olmadıklarını anlatıyor! Her çocuğun ailesi karşısında ip üzerinde yürüdüğünü anlatıyor! Seninle her zaman bunları konuşuruz, bilirsin. Bu roman, ailemin ve toplumun beni kendime ne kadar uzun süre yabancılaştırarak yıllarımı benden çaldığını da hiç çekinmeden, sakınmadan anlatıyor! Yirmi yılımı benden çalmışlarken, toplumun ve ailemin kızmasını umursayacağımı düşünmüyorsun, değil mi? Gümbür gümbür öfke ve isyan gürültüsü bu roman!"

"Tamam tamam... Anladım. Soruyu sormadım farz et," dedi. Tekrar sarıldılar. Romanı için ne kadar çalıştığını biliyordu. Akademideki ders notlarını, araştırma inceleme kitaplarını okumaya ne kadar çok zaman ayırdığını, bazen evde zorla kendisine de anlattırdığını, gecelerce uyumadığını, arkadaşlarıyla buluşmadığını, geçmişini tekrar hatırlamaya çalışırken ne kadar zorlandığını, zorlandığında ağladığını, ağlarken tekrar tekrar anladığını, ağlamakla anlamanın yakınlığı arasında acı çektiğini biliyordu.

"Mutlu sonla mı bitiyor peki? Onu henüz planlamamıştın sanki ya da bana söylemedin."

"Mutlu sonları da mutsuz sonları da hiç sevmiyorum," derken sehpaya doğru uzanıp öğleden kalma şaraptan bir yudum içti.

"Romanın sonunda Altan, Fırat'ın doğruyu söylediğini anlıyor. Ama aslında ona tek gerçeği söyleyen kendisi, kendi hafızası, kendi kelimeleri. En çok bunu fark ediyor. Çünkü Fırat bile hafızasını kaybetmesinden faydalanıyor; nihayetinde o da insan. Mesela ilgisinin zaman zaman başka erkeklere kaydığını anlatmıyor Altan'a. Arada sırada barlarda bazı adamlarla flört ettiğini de söylemiyor ona. Zamanında Fırat yüzünden ettikleri kavgaları saklıyor... Mutlu son konusuna gelince; şöyle söyleyeyim sana, bence mutlu sonla biten romanlar gerçekleşmeyecek bir fantezi bombardımanı sunar insana. Ona inanır, hayatında sürekli ipuçları ararsın. Ama onu bulamadığında da sürekli dağılırsın. Çünkü o bir fantezidir ve ipuçları herkes için farklı farklıdır... Fazla iyimser, yani yaşamdan fazla kopuk yazarların yalana bulanmış gerçekleri işte. Bana göre onlar gerçeği değil, bir fanteziyi yazıyorlar. Hiç sevmiyorum öyle romanları. Benim romanım öyle olmadı. Ben gerçeği yazdım; dümdüz, apaçık. Ne kadar mutlu sonla bitti, ne kadar mutsuz sonla, buna okuyan karar verecek artık. Öfkeli, önemli bir meselesi olan; çekinmeden, lafını esirgemeden derdini anlatan bir roman oldu benimki."

"Ya romanının sonunu sevmezlerse?"

"Yaşadığımız hayatları da zaman zaman sevmiyoruz zaten, o yüzden alışığız buna, sorun yok bence."

"Roman Altan'ın günlükleri okumasıyla mı bitmiş oldu?"

"Aslında az önce içeride sonunu yazdım ve sana bitti dedim ama henüz tam bitmedi. Hatta düşünüyorum da, bu konuşmamızı bile romana ekleyebilirim."

"Şu an konuştuklarımızı da mı?"

"Evet, olmaz mı?"

"Olur tabii. Böyle mi devam edecek yani roman?"

"Aynen böyle, bana şu an dediklerini yazacağım işte."

Birlikte güldüler buna.

"Bir şey soracağım sana. Bana sorduğun soruların cevapları romanda verildi mi?"

"Benim için bu sorunun uzun bir cevabı var," dedi ve devam etti.

"Öncelikle aslında bu roman benim çığlığım. Kendimi küçükken Erenköy'de kilitlediğim tuvalette değil; toplumun tam ortasında, meydanında, kilitsiz, kapısız, duvarsız merkezinde attığım bir çığlık bu. Şöyle güzel bir kapak ve isim de bulursam romanıma, gerçekten duyulur, insanların ilgisini çekerim belki. Tek isteğim, insanların romanımı birbirlerine acıyarak anlatmamaları. Benim acınacak bir şeyim yok. Acınacak biri varsa o da toplum ve ailem. Hatta dünyanın kendisi! Bu düzeni hiç sorgulamadan kabul edenlerin kendisi! Benim konuşulacak bir meselem var sadece. Dünyadaki her insanın bilmesi gereken bir mesele bu. Fark edilmesi gereken bir mesele! Çünkü bu konu, ailesi olan herkesi ilgilendiriyor! Bu çığlık tarihe de bir not düşüyor tabii, onu da söyleyeyim. Tarihçilere de sesleniyor bu roman! Bakın diyor bakın, buraya da bakın biraz, çekinirsiniz bakmaya ama! Sevmezsiniz sizin gibi olmayanların yaşadıklarıyla ilgilenmeyi! Dikkatinizi buraya verin! Ellerinizdeki, sözlerinizdeki, seslerinizdeki, gözlerinizdeki kanlara; birbirinizin arasındaki iyiliğe bulandırılmış kötücül bağlara bakın! 'Din,' diyerek, 'Gelenek,' diyerek, 'Değerlerimiz,' diyerek, 'İdeoloji,' diyerek, 'Sağ,' diyerek, 'Sol,' diyerek, 'Liberalizm,' diyerek, 'Komünizm,' diyerek, 'Kapitalizm,' diyerek, 'Sosyalizm,' diyerek, 'Aile,' diyerek, 'Toplum,' diyerek, 'Ahlak,' diyerek, 'Sapkın,' diyerek, 'Hasta,' diyerek, 'Suçlu,' diyerek, 'Günahkâr,' diyerek, 'Normal,' diyerek, 'Anormal,' diyerek, 'Eğitim,' diyerek, 'İnsan doğası,' diyerek, 'Sağlık,' diyerek, 'Ama,' diyerek, 'Fakat,' diyerek, 'Bence,' diyerek! Bunları sürekli ağızlarınızda değiş tokuş edip bahane ederek yaptığınız zulümlere, zorbalıklara, duygusal katliamlarınıza bakın! Ağızlarınızda taşıdığınız bombalara bakın! Tarihten beri süregelen ezme, ezilme ilişkilerinde hayatınızla nerede, hangi tarafta durduğunuza bakın! İnsanlara yaptıklarınıza bakın, hiç utanmadan onları ezerken yarattığınız tahribatlara bakın! Elbirliğiyle yaptığınız, insanların yaşamlarına attığınız ahlakçı bombalarınıza, ahlakınızın suistimal edip sömürdüğü yaşamlara bakın! Bakın bakın, buraya bakın! İnsanları kendilerine nasıl yabancılaştırdığınıza bakın! Kutsadığınız aileyle, kutsadığınız ama insanları ezilmeyle ve birbirini ezmeyle tanıştırdığınız okullarınızla insanlara yaptıklarınıza bakın! O insanlara yaşattıklarınıza bakın! İşte bunları anlatıyor, bunları cevaplıyor romanım! Evet, anlayacağın o ki yazarak sorularımın cevabını da bulmuş oldum."

Bir süre durdu. Sehpanın üzerindeki sigara paketinden bir sigara çıkardı, yaktı.

"Bu arada, roman aslına bakarsan şu soruları soruyor: Hafızamız olmazsa biz kim oluruz? Kime güveniriz? Etrafımızdaki kim bize gerçeği söyler? Söylerse gerçeğin ne kadarını söyler? Ve en önemlisi: Hayatta gerçeği mi söyleriz birbirimize, yoksa yalanları mı tercih ederiz?"

Durdu ve onun yüzüne baktı. Pürdikkat dinlediğini görünce devam etti:

"Yaşadıklarımı biliyorsun, seninle beraber yaşadık. Hafızama beton dökülmüş gibi hissettim, hem de yıllarca. Yıllardan bahsediyorum, uzun yıllardan. Hayatımdan alınmış yıllardan. Şaka gibi değil mi? Hâlâ inanamıyorum bu kadar uzun sürdüğüne. Bu yüzden, beni benden alıp götürenleri, içime başka birini yerleştirenleri, beni korkmadan, çekinmeden tekrar kendine benzetmeye çalışanları yazdım... Böylece, ellerine bir gün tekrar bir 'fırsat' geçtiğinde ben her şeyi unutmuş olursam, beni kendilerine benzetmeye ne kadar açık ve aç olduklarını yazdım, bunu gösterdim. Ayrıca olur da tekrar unutursam kendimi, bu kitap bana yardımcı olur belki. Bu kitap sayesinde dünyada var olabilirim; hafızam bu kitap sayesinde tekrar fethedebilir beni."

"Bu anlattıklarını da romana ekleyecek misin peki?"

"Dedim ya, ekleyeceğim. Şimdilik böyle düşünüyorum. Hoş olmaz mı? Bu arada roman bitti ama yarın en baştan tekrar okuyacağım."

Sigarasını yorgunlukla söndürdü. Ardından sevgilisinin kucağına uzandı. Kendisini çok rahatlamış hissediyordu, sanki dünya üzerindeki varlığı genişleyip büyümüştü... Nedense gözleri doldu ansızın. Onun kucağına yatınca hep böyle olurdu; bazen de çok alkol aldığında dolardı gözleri. Onun kucağındayken korkulacak bir şey yoktu sanki.

Dışarıda usul usul yağan karın odaya düşürdüğü sessizliği konuşarak yeniden böldü.

"Bir yerlerde, insanların kendilerini tanımakta, bilmekte, kendilerine güvenmekte, ses olmakta, parmak kaldırmakta, yürümekte, dolaşmakta, göz göze gelmekte, uzun uzun bakışmakta, el ele tutuşmakta, sarılmakta, öpüşmekte bile eşit hakları olmadığı için, aşkı yaşamaya ve kendini tanımaya erişim eşitsiz dağıldığı için, mücadele kimi insanlar için dönemsel, kimi insanlar için bir ömür boyu sürdüğü için ve bu hikâyenin ne kadar gerçek olduğunu bilmeleri için sanırım sana şimdi söylediklerimi de ekleyeceğim romana."

"Bence sen her şeyi çok güzel anlatmışsındır."

Daha fazla söyleyecek bir şey yoktu zaten. O hep çok güzel anlatırdı kendisini, şimdi bunu bir kez daha yapmıştı, hepsi buydu.

"Benim de çok içime sindi roman. Zaten kötü şeyler hep güzel yazılır. Bu arada romanım için bir isim buldum. 'Annemin Bilmediği Her Şey' nasıl sence? Güzel mi?"

"Müthiş! Kesinlikle kulağa çok hoş geliyor. Ama sen annenin bütün bunları bilmediğinden emin misin?"

Birbirlerine bakıp gülmeye başladılar. Sıcacıktı dünyayı rengârenk gören bakışları.

YAZARIN NOTU

Bu roman, yarın hafızamı kaybetsem bana doğruları kimin anlatıp kimin anlatmayacağını düşünmemle başladı. Ve insanın hayattayken nasıl olur da kendisini hiç bilmeyerek, ailesinin dediğinden çık(a)mayarak, kendisine bu denli yabancılaşarak yıllarca yaşayabileceği üzerine bitmek bilmeyen, dipsiz sorgulamamla...

Bu düşünceden sonra kolektif hafıza, bireysel hafıza, kimlik, cinsiyet, cinsellik tarihi, eril tahakküm, ezen ve ezilen olmak gibi konularla içli dışlı oldum.

Ben cinsel azınlıklar –buna bazen azınlık denmesini de sorunlu bulsam da– için cinsel yönelimini keşfetmenin kolay olmadığını biliyordum. Bunun çalındığı, değişebilirmiş gibi değiştirilmeye çalışıldığı hayatların da hâlâ var olduğunu duyuyordum. Baudrillard'ın "aynılığın cehennemi" ya da Levinas'ın da "aynının emperyalizmi" dediği şey, içimde büyüyen bir öfke yaratıyordu.

Bu soruları düşünürken hafızanın kimlikle olan güçlü bağını özellikle azınlık olan insanlar üzerinden irdelemek istedim. Çünkü çoğunluğun dilsel, dinsel, etnik veya cinsiyet bağlamında asimilasyonuna açık olan tüm azınlıklar için özellikle hafıza önemli bir mirastı; korunması gerekiyordu. Ama günümüz toplumlarında yükselen aşırı sağın, diğerlerini her zaman kendisine benzetip, aynılaştırma ve özellikle sistemin işleyişi için insanları her türlü yabancılaştırma çabası, kimliği elbette tehlikeli bir zeminde ve benzeştirme çabasıyla devinim halinde bir müdahaleyle var ediyor. Ve tüm bu müdahaleler, kimliğin sıkışması, nefes alıp verişinin zorlanması demek; sonunda da insanın kendinden koparak kendisini yaşamadan hayata veda etmesi... Ama ben tüm bunlara "rağmen", romanımın sınırların dışına çıkmak isteyenlere bir umut kapısı görevi üstleneceğine inanıyorum.

Bu kitap, cinsiyetin ve cinselliğin çoğunluğun "doğru" bulduğu şeye yönelik asimilasyonunun ne kadar acımasız ve tahrip edici olduğunu göstermek için yazıldı. Asimilasyon, sadece yaşananları değil, asimile edilenin yaşayamadıklarını, yaşayamayacaklarını da belirliyor.

Bu romanın sonunda Altan'ın isminin Altan olmadığını söylemesi ve romanda tıpkı hayattayken olduğu gibi tekrar gizlenmesi, günümüz dünyasında sınıfsal, etnik, dinsel, politik veya cinsel kimlik/yönelim gibi nedenlerle saklanan tüm insanların hâlâ özgür olamadıklarını kendince es geçmeden tekrar bir ışığın altında aydınlatarak gösterirken; insanları yalan söylemeye mecbur bırakarak kendisine yabancılaştıran ve tekrar tekrar "yalan" ürettiren bu düzene bir serzenişte bulunarak, onların kafalarını karıştırma gayesiyle yazılmıştır.

Ana karakter final bölümüyle kimi okurlara, "Madem bizlerin gizlenmesini istiyorsunuz, bizi muallakta bıraktığınız gibi siz de muallakta kalın," demiştir.

Ve roman, bilerek mutsuz bir sonla bitmemiş, cinsel yönelimi farklı insanlara, "Zor bir hayatın olur," diyenlere inat mutsuz sonlar yazanları protesto etmiştir. Çünkü bilhassa tekrar ve tekrar mutsuz sonlar yazılması da sistematik bir tekrarı pekiştirme, kitleleri manipüle ederek aynılaştırma ve bir kimliğin nasıl bir hayatı olabileceğini aynı noktadan üretme, önyargıyı besleme biçimidir. Oysa hepimizin bildiği gibi bugün dünyada farklı tüm cinsel kimliklerin aile –eğer bu önemsenen bir şeyse– olabildiği ve beraber yaşlanabildikleri, hem mutlu hem mutsuz; hem sevinçle hem hüzünle geçen hayatlar yaşadıkları bilinmektedir.

Son olarak, romanın labirentlerinde yazarı arayanlar için de bir cevap vermek isterim.

Çünkü her okur, romanda biraz yazarı arar.

Zorbalık ve yabancılaşma, benim çocukluğumdan itibaren bildiğim ve kendi içimde debelendiğim bir konuydu. Bu yüzden romanda bazen vardım. Bazense hiç yoktum.

Bazı yazarların romanları böyledir.

Nisan 2022
İstanbul.

TEŞEKKÜR

Tüm romanlarımda beraber çalışma fırsatı bulduğum, edebiyat alanındaki kuvvetli bilgisiyle bana her daim yol gösteren ve bu roman için de benimle titizlikle çalışan editör ve yazar Emre Kalcı'ya,

Kitapta konu edindiğim cinsel kimlik meselesini çalışan ve böylece kitabı tarihsel bir zemine oturtmamı sağlayan tarihçi Halit Erdem Oksaçan ve Peter Drucker'a,

Dünyanın her yerinde yoksulluk, ırkçılık, cinsel yönelim ve kimlik konusunu edebiyata dahil edip, edebiyatın bu meseleleri merkezde tutmasını sağlayan ve beni de bu yüzden çok etkilemiş olan dünyanın tüm edebiyatçılarına teşekkürü borç bilirim.